Martina Unterfrauner

Schnittlos
GLÜCKLICH...
Näh dir dein Designerstück

Einfach ohne Schnitt

CV

Inhaltsverzeichnis

Je t' aime

Paris

France

I ♥ LONDON

London

Rom

ROMA

Liebes Tagebuch!

Die Welt gehört dem, der sie genießt! Genau das werde ich nun endlich tun ... den Alltag hinter mir lassen und Neues entdecken! Meine Koffer sind vollgepackt mit dem „Nötigsten" ... zugegeben etwas viel, aber wie oft bietet sich mir schon die Gelegenheit, meine selbst kreierten Designschätze in Europas Modemetropolen – Paris, London und Rom – auszuführen? Ich finde, diese können sich dort durchaus sehen lassen!

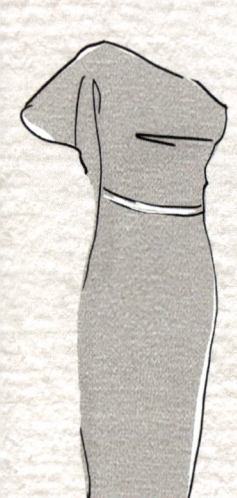

Kaum zu glauben, dass ich meine komplette Garderobe ohne Schnittmuster und in wenigen Schritten selbst genäht habe! Individuell und zudem genau an meine persönlichen Maße angepasst! ... und das, obwohl ich nur das kleine 1x1 des Nähens beherrsche!

Das Besondere muss eben nicht immer auch gleich kompliziert sein! Seit ich erkannt habe, wie sich nach Basic-Vorlagen aus meinem Kleiderschrank oder nach einfachen geometrischen Formen mit dem passenden Stoff tolle Styles zaubern lassen, bin ich fasziniert vom D.I.Y.-Schneidern. Vom T-Shirt bis zum Abendkleid – die Ideen sprudeln nur so aus mir heraus!

Wer weiß, vielleicht kann ich durch meine Modelle sogar andere Mädels dazu inspirieren, sich auch an die Nähmaschine zu setzen und loszunähen ... einmal begonnen, wird das Näh-Fieber schnell um sich greifen, und so manche entdeckt plötzlich ungeahnte kreative Seiten an sich!

Klar, dass ich für jede Etappe meiner Reise passende Outfits kreiert habe! Um das charakteristische Flair einer Stadt zu spüren, muss man einfach das entsprechende Outfit tragen! :-)

Die erste Station ist Paris – die berühmte Stadt der Liebe mit ihren charmanten Cafés, den Künstlervierteln mit allerlei verspielte Details … und natürlich dem romantischen Wahrzeichen der Stadt: dem Eiffelturm! Nicht umsonst gilt Paris als eines der Weltzentren der Haute Couture: Romantik und französisches Flair lassen sich doch perfekt über zarte Stoffe und verspielte Details definieren!

Meine zweite Station führt mich nach London! Wenn ich an England denke, kommen mir automatisch die typischen Klischees in den Sinn: die Queen, Tea-Time & Sweets, die Tower Bridge und der Buckingham Palace, Clubs mit lässigen Leuten und sogar das Regenwetter … . Selbstredend, dass ich auch hier outfittechnisch voll im Trend liegen will: ein bisschen shabby-chic, etwas Retro und natürlich viel Klasse! Die Kombi macht's!

Das dritte Highlight und die letzte Station auf meiner Reise ist Rom – die ewige Stadt! Und ewig im Trend wird auch die Mode der 50er sein! Stilvoll und elegant wie die unzähligen Kunstwerke, mit denen die ganze Stadt gespickt ist. Zeit für eine kleine Hommage an Caprihose, Tellerrock und Co.

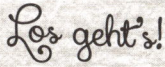

Los geht's!

Grundausstattung

Stoff

Wie ein Kleidungsstück wirkt und fällt hängt stark von der Beschaffenheit des verwendeten Stoffs ab. Daher „spiel" vor einem Spiegel mit deinem Stoff und entscheide dann, was du nähen möchtest!

Für den Stoffverbrauch sind im Buch keine konkreten Angaben gemacht, da dieser je nach Größe, gewünschter Länge etc. sehr unterschiedlich ist. Bei geraffter Kleidung brauchst du beispielsweise von dünnem Material sehr viel mehr Stoff als von dickerem. Die Dehnbarkeit des Stoffs ist bei einigen Modellen sehr wichtig. Achte daher hier bei der Stoffauswahl besonders darauf!

Schneiderkreide

… gibt es in verschiedenen Ausführungen in hellen und dunklen Farben.

Stoffschere

Verwende immer eine spezielle Stoffschere.

Stecknadeln

… verhindern, dass die Stoffteile beim Nähen verrutschen.

Maßband

Das wirst du bei diesen Projekten oft brauchen. Lies dir dazu bei den Grundbegriffen den Abschnitt „Messen" durch.

Nähgarn

In passender Farbe oder Kontrastfarbe.

Nähmaschine

… meistens brauchst du nur den Geradstich und den Zickzackstich. Bei elastischen Stoffen kann ein Stretchstich von Vorteil sein.

Bügeleisen

… ist ein sehr wichtiges Utensil beim Nähen! Vor dem Zuschneiden und zwischen den einzelnen Arbeitsschritten sollten Stoff bzw. Nähte stets gebügelt werden.

Grundbegriffe und -techniken von A bis Z

Auf den Seiten 7–13 sind einige Grundbegriffe und -techniken zum Nähen erklärt. In den Anleitungen sind als Hinweis darauf die entsprechenden Stichwörter **fett** markiert.

Abkürzungen

VT = Vorderteil   L = Länge
RT = Rückteil   B = Breite
VM = Vordere Mitte   H = Höhe
HM = Hintere Mitte   r = Radius
SN = Seitennaht   U = Umfang

Absteppen

Ziersteppnähte werden von der rechten Stoffseite aus gearbeitet und erfassen meist auch die Nahtzugabe/n. Der Abstand zur Naht ist dabei frei wählbar. Als Führung dient z. B. die rechte seitliche Kante des Nähfußes, indem sie direkt an der Naht entlang geführt wird = füßchenbreit absteppen. Oder eine Rille/Markierung auf dem Nähfuß, die im Abstand von 1–2 mm zur Nadel liegt = knapp oder knappkantig absteppen.

Beleg

... zur Verstärkung oder/und Versäuberung einer Kante. Die Form des gewünschten Belegs mit Kreide auf das Stoffteil zeichnen. Beleg-Kontur auf Transparentpapier pausen und das Papier-Schnittteil ausschneiden. Papier-Schnittteil auf den Stoff übertragen und zuschneiden. Evtl. den Beleg mit Bügeleinlage verstärken.

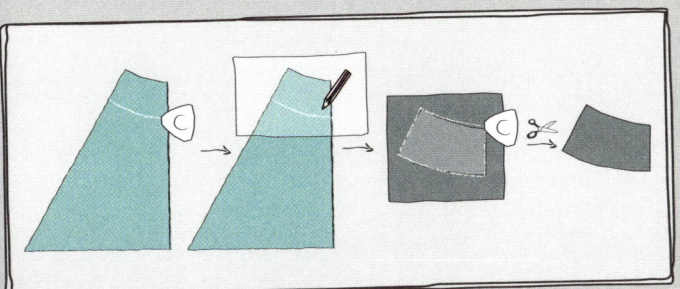

Bund

Stoffbund

Ein größeres Stück Stoff rechts auf rechts zur Hälfte falten und den Stoffbruch leicht bügeln. Am Stoffbruch einen Streifen in der gewünschten Breite und Höhe auf die Lagen zeichnen. Streifen mit 1 cm Nahtzugabe zuschneiden. Je nach Wunsch den gesamten Bund oder nur eine Hälfte (das ist später dann die Bund-Außenseite) auf der linken Stoffseite mit Einlage verstärken. Die lange Kante der Innenseite 1 cm nach links umbügeln. Nun den Bund mit der nicht umgebügelten langen Kante rechts auf rechts an die entsprechende Kante des Kleidungsstücks legen, feststecken und annähen. Nahtzugaben in den Bund bügeln. Bund an den langen Kanten rechts auf rechts zur Hälfte falten (entlang der Bügelkante) und die seitlichen Kanten steppen, dabei jeweils die umgebügelte Nahtzugabe eingeschlagen mitfassen. Die Ecken zum Stoffbruch hin schräg abschneiden. Bund links auf links wenden. Ecken mit einer Schere gut herausdrücken. Die offene lange Kante knapp neben der Ansatznaht feststeppen oder mit Handstichen festnähen.

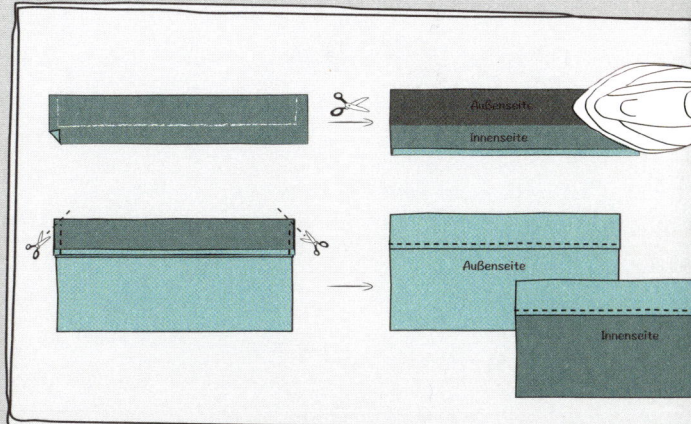

Gummibund

Das abgemessene Gummiband an den Schmalkanten rechts auf rechts aufeinander legen und 5 mm neben den Schnittkanten zusammensteppen (mehrmals vor und zurück nähen). Wenden. Nahtzugaben auseinander drücken und mit Zickzackstichen links und rechts neben der Naht festnähen. Gummiband mit

Stecknadeln oder Kreidestrichen in 8 gleiche Teile teilen: Dafür den Gummiband-Ring flach legen, sodass die Naht an einer Seite liegt. Naht markieren = hintere Mitte. Die gegenüberliegende Bruchkante markieren = vordere Mitte. Nun den Ring erst öffnen, dann an den Markierungen der vorderen und hinteren Mitte wieder aufeinander legen und nun die seitlichen Bruchkanten markieren. Dies ergibt 4 gleichgroße Abschnitte. Nach gleichem Prinzip die Abstände zwischen den Markierungen nochmals unterteilen. Die Stoffkante, an die das Gummiband genäht werden soll, ebenso in 8 gleiche Teile teilen. Nun das Gummiband mit der linken Seite so auf die rechte Stoffseite legen, dass die Markierungen aufeinander treffen und je ca. 1 cm breit auf den Stoff stecken. Gummiband mit kleinen Geradstichen oder Zickzackstichen von Stecknadel zu Stecknadel feststeppen, dabei mit einer Hand hinter dem Nähfuß und mit der anderen Hand vor dem Nähfuß das Gummiband zwischen den Stecknadeln auf die Stoffweite dehnen.

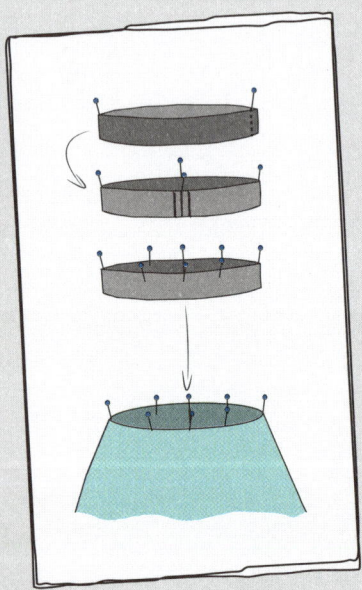

Bügeln

Vor Beginn der Näharbeiten und zwischen den einzelnen Arbeitsschritten den Stoff bzw. die Nähte bügeln. Vorsicht bei synthetischen oder empfindlichen Qualitäten! Diese sicherheitshalber mit einem sauberen Baumwolltuch abdecken.

Bügeleinlage

… ist ein mit Kleber beschichteter Vliesstoff bzw. dünnes Gewebe zum Verstärken und Stabilisieren eines Stoffs. Je nach Stoffart und Verwendungszweck gibt es verschiedene Varianten. Jeweils die identische Form wie das zu verstärkende Teil aus Einlage zuschneiden. Einlage mit der beschichteten Seite auf die linke Stoffseite laut Herstellerangaben aufbügeln.

Einkräuseln

siehe Rüsche

Fadenlauf

… ist die Richtung, die du beachten musst, wenn du die Schnittteile auf den Stoff zeichnest.

Ein Stoff besteht aus längs verlaufenden Fäden, die auf den Webstuhl gespannt sind, den so genannten „Kettfäden". Weiterhin aus quer verlaufenden Fäden, welche die Fläche füllen, den „Schussfäden". Die festen Kanten an den Längsseiten des Stoffs sind die „Webkanten". Die Richtung der Kettfäden wird als Längsfadenlauf, die Richtung der Schussfäden als Querfadenlauf bezeichnet. Jede diagonal dazu liegende Linie im Stoff hat einen schrägen Fadenlauf. Im Längsfadenlauf dehnt sich der Stoff kaum, daher werden Schnittteile in der Regel so zugeschnitten, dass der Längsfadenlauf senkrecht im Teil liegt. Im schrägen Fadenlauf ist ein Stoff sehr dehnbar. Manchmal wird daher absichtlich im „schrägen Fadenlauf" zugeschnitten. So fällt der Stoff „weicher" und passt sich der gewünschten Rundung schön an.

Maschenware, wie z. B. Jerseystoff bestehen aus ineinander greifenden Schlingen, den Maschenstäbchen. Die Längsreihen aus Maschenstäbchen entsprechen dem Längsfadenlauf.

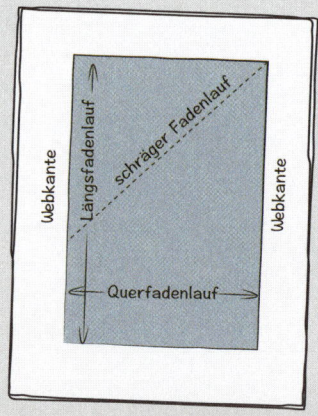

Füßchenbreit

siehe Absteppen

Französische Naht

Naht und Nahtversäuberung werden hier kombiniert, die Schnittkanten sind in der Naht eingeschlossen und müssen nicht extra versäubert werden. Zunächst werden die Stofflagen links auf links mit 1 cm Nahtzugabe zusammengenäht. Die Nahtzugaben auf 3 mm zurückschneiden und auseinander bügeln, dies ergibt später einen scharfkantigen Nahtbruch. Dann die Lagen rechts auf rechts, genau in der Naht aufeinander falten und den Nahtbruch flach bügeln. Eine 2. Steppnaht im Abstand von 5 mm zur Nahtbruchkante ausführen. Die Lagen auseinander klappen und die Naht flach bügeln.

Geradstich

siehe Zusammennähen

Jersey nähen

siehe Zusammennähen

Knappkantig

siehe Absteppen

Kreisrock

Du benötigst jeweils den Innen- und den Außenradius. Dafür misst du zuerst den gewünschten Umfang U (z. B. Taille oder Hüfte). Diesen Wert U in die entsprechende Kreisrockformel einsetzen. **Tipp:** Verwende das Maßband beim Aufzeichnen des Kreises wie einen Zirkel. Geh dabei vom Eckpunkt aus und zeichne fächerförmig in kurzen Abständen die Streckenlänge auf den Stoff. Verbinde dann die Markierungen zu einer durchgehenden Linie.

1. Vollkreisrock (Tellerrock)

Innenradius r_1 = U geteilt durch (2x 3,14)

Außenradius r_2 entspricht dem Innenradius r_1 + gewünschter Rocklänge L

Du kannst den Rock auf unterschiedliche Weise zuschneiden:

1a) Vollkreisrock mit zwei Seitennähten:

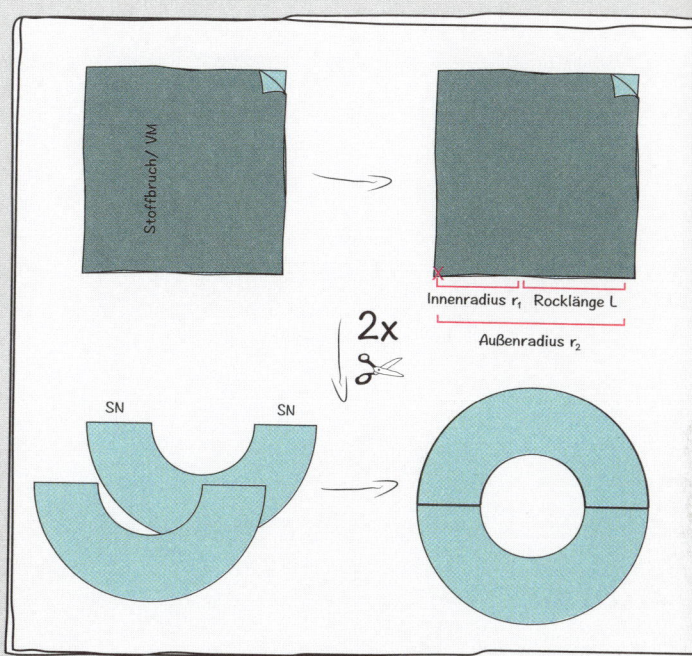

1b) Vollkreisrock ohne Nähte:

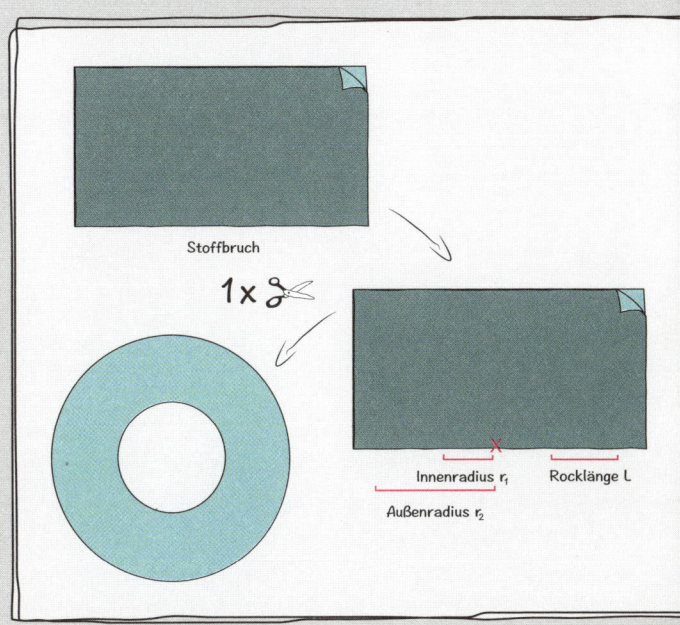

2. Halbkreisrock

Innenradius r_1 = U geteilt durch 3,14

Außenradius r_2 entspricht dem Innenradius r_1 + gewünschter Rocklänge L

2a) Halbkreisrock mit zwei Seitennähten:

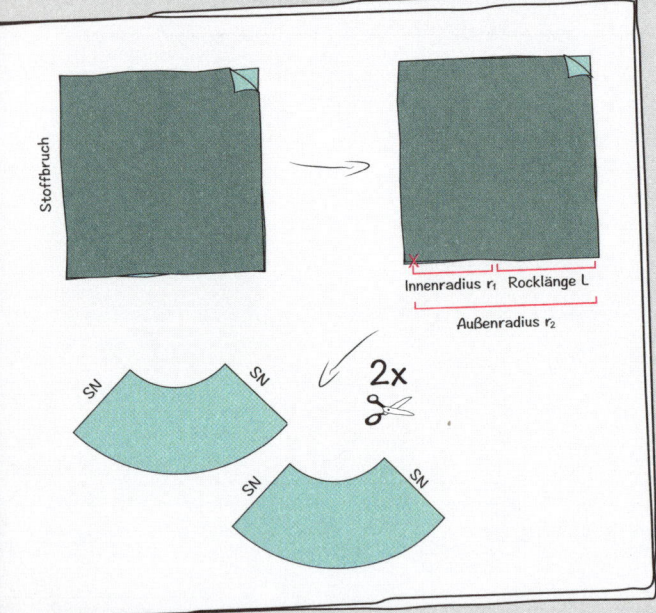

3. Viertelkreisrock mit einer Naht

Innenradius r_1 = 2 x U geteilt durch 3,14

Außenradius r_2 entspricht dem Innenradius r_1 + gewünschter Rocklänge L

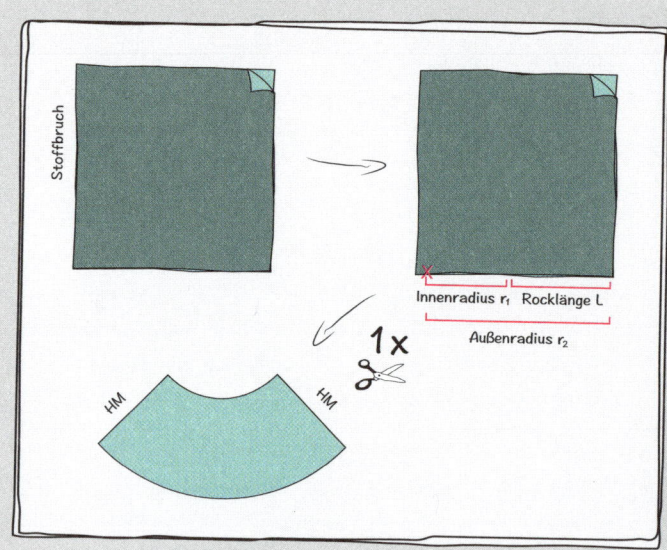

2b) Halbkreisrock mit einer Naht in der hinteren Mitte

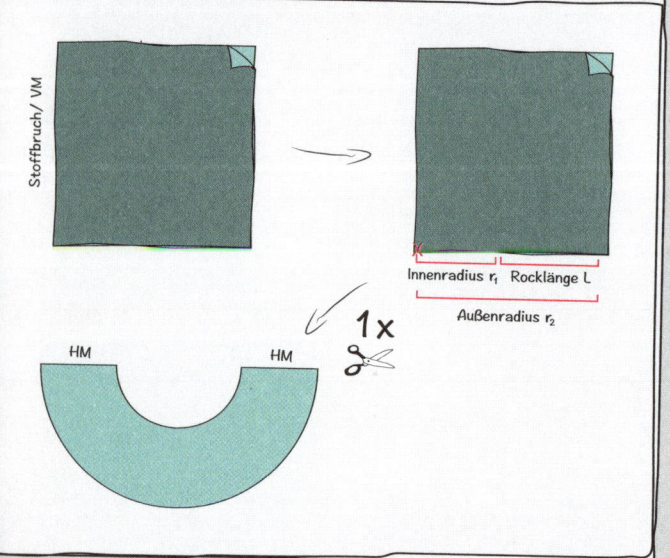

Links auf links

siehe Stoffseiten

Messen

… ist die Grundlage jedes Modells in diesem Buch. Nimm dir daher viel Zeit dafür. Die meisten Zentimeter-Angaben im Buch sind Durchschnittswerte, nach denen du dich richten kannst. Die genauen Maße hängen jedoch stark von deiner persönlichen Körperform und von der Beschaffenheit des Stoffs ab. Um ein Gefühl für den Stoff zu bekommen, empfiehlt es sich, zuerst mit dem Stoff vor dem Spiegel zu experimentieren: Wie weit wird ein Rock, wenn ich meinen Hüftumfang verdopple?

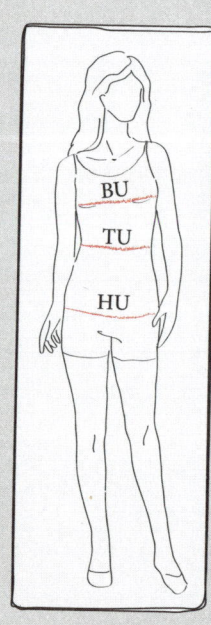

Wie eng kann der Stoff an den Hüften anliegen, sodass ich mich noch gut bewegen und setzen kann?

Auch zwischen den Nähschritten ist es ratsam, immer wieder vor dem Spiegel zu testen wie das Kleidungsstück sitzt. Zuerst benötigst du meistens folgende Grundmaße:

Brustumfang (BU): Arme nach unten nehmen und das Maßband in Höhe der Brustwarze um den Oberkörper legen.

Taillenumfang (TU): Die schmalste Stelle rundum messen.

Hüftumfang (HU): Die breiteste Stelle rundum messen.

Nahtzugabe

… bezeichnet den Abstand zwischen Naht und Schnittkante. Bei den hier gezeigten Modellen beträgt diese in der Regel 1 cm. Die Breite der Nahtzugabe sollte beim Nähen exakt eingehalten werden.

Wer ganz sicher gehen will, kann auch zunächst etwas breitere Nahtzugaben anschneiden (= 1,5 oder 2 cm) und diese nach dem Anprobieren auf 1 cm zurückschneiden. So kann die Weite, falls nötig, noch etwas nach außen korrigiert werden. Nahtzugaben können auseinander oder in eine Richtung gebügelt werden. An Ecken/Spitzen die Nahtzugaben jeweils schräg bis knapp vor die Naht abschneiden, dabei darauf achten, dass mindestens zwei Fadenkreuze vor der Naht stehen bleiben, damit der Stoff nicht aus der Naht heraus „rutscht". An Rundungen gleichmäßig verteilt kleine Einkerbungen („Knipse") bis ca. 2 mm vor die Naht schneiden, damit die Nahtzugaben nach dem Wenden schön flach liegen.

Rechts auf rechts

siehe Stoffseiten

Rüsche

Eine Rüsche wird aus einem breiten Stoffstreifen hergestellt. Die gekräuselte Kante wird dann in eine Naht eingesteppt oder an eine Kante genäht: Einen Stoffstreifen in der gewünschten Breite und Höhe zuschneiden. Der Streifen sollte ca. 2–3x so breit sein, wie die fertige Rüsche breit werden soll. Nicht ver-

gessen, die Nahtzugaben hinzuzurechnen! Obere und untere Längskante versäubern. Nach Wunsch die untere Saumzugabe nach links umlegen und feststeppen. Die Oberfadenspannung etwas lockern und die größte Stichlänge anwählen. Mit Geradstichen parallel zur oberen Längskante zwei „Einhaltenähte" auf den Streifen steppen. Dabei liegt eine Naht knapp unterhalb der späteren Nahtlinie, die zweite Naht etwa 5 mm darüber. Achtung: Nahtanfang und -ende hier NICHT verriegeln! Die Fadenenden *einer Seite* verknoten.

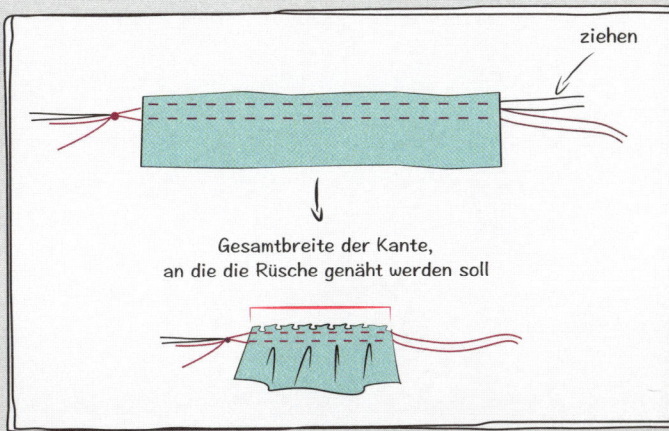

ziehen

Gesamtbreite der Kante,
an die die Rüsche genäht werden soll

Die Unterfäden (schwarz) auf der gegenüberliegenden Seite gleichzeitig anziehen und den Stoff zusammenschieben. Wenn die gewünschte Rüschen-Breite erreicht ist, auch hier die Fadenenden verknoten. Stoffweite in gleichmäßigen Fältchen verteilen. Die Rüsche an das gewünschte Teil stecken und mit normaler Sticheinstellung entlang der Nahtlinie (also zwischen den beiden Einhaltenähten) feststeppen. Einhaltefäden entfernen.

Saumen

Für den einfachen Saum zunächst die Schnittkante versäubern. Die Saumlinie markieren (z. B. mit Heftfaden oder Kreidestrich), den Saum entlang der Markierung links auf links umschlagen und den Bruch leicht bügeln. Saum feststecken oder anheften und von der rechten Seite aus feststeppen.

Schrägband

Gibt es vorgebügelt oder glatt zu kaufen. Vorgebügeltes Schrägband wird in 2facher Breite, glattes Schrägband in 4facher Breite der fertigen Einfassbreite benötigt. Alternativ schneid einen langen (oder mehrere kurze) Streifen im schrägen Fadenlauf zu. Kurze Streifen laut Abb. zusammennähen.

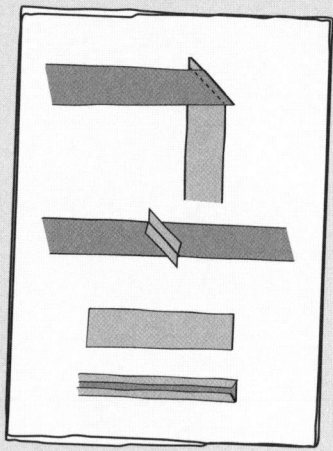

Dann den Streifen zunächst in Längsrichtung links auf links zur Hälfte falten und den Mittelbruch leicht einbügeln. Streifen wieder aufklappen, die Längsseiten beidseitig von außen zum Mittelbruch legen und bügeln. Den Streifen an den Bruchkanten nochmals zur Hälfte legen und bügeln.

Zum Annähen das Band zunächst wieder auffalten und mit einer Längsseite rechts auf rechts an die einzufassende Kante stecken. Genau im 1. gebügelten Bruch ansteppen. Alle Brüche wieder einfalten, das Band um die Schnittkanten herum auf die Rückseite legen, sodass die Bandkante die Ansatznaht verdeckt. Kante mit unsichtbaren Saumstichen von Hand annähen oder mit der Nähmaschine knappkantig feststeppen.

Alternativ das eingefaltete Band bis zur Mittelbruchkante über die einzufassende Kante schieben, feststecken oder heften. Dann knappkantig durch alle Lagen entlang der oberen Bandkante steppen, dabei darauf achten, dass die untere Bandkante stets mitgefasst wird. An Rundungen das Band etwas dehnen, sodass es sich schön an die Stoffkante schmiegt. **Tipp:** Bei maschinell vorgefalzten Schrägbändern steht die Kante einer Bandhälfte bewusst 1–2 mm über. Beim Annähen darauf achten, dass diese Kante auf der linken Stoffseite liegt.

Stecken und Heften

Stoffteile vor dem Zusammennähen mit Stecknadeln fixieren und evtl. von Hand heften, damit die Teile beim Nähen nicht verrutschen oder Falten werfen. Achtung: Stecknadeln stets quer zur Nährichtung stecken und beim Nähen kurz vor dem Nähfuß herausziehen. Die Nähnadel kann leicht abbrechen, wenn sie direkt auf eine Stecknadel trifft! Die Teile mit großen Vorstichen von Hand oder mit einem größeren Geradstich der Nähmaschine, Einstellung 4–5 im Abstand von 5–7 mm zu den Schnittkanten provisorisch zusammennähen. Die Fäden am Nahtanfang und -ende nicht verriegeln.

Steppen

siehe Zusammennähen

Stoffbruch

Bei einer gefalteten Stofflage entsteht eine Faltkante, der so genannte „Stoffbruch". Der Stoffbruch ist in den Zeichnungen dieses Buchs als gestrichelte Linie dargestellt. An dieser Kante gibt es keine Naht.

Stoffseiten

Die meisten Stoffe haben eine rechte und eine linke Stoffseite. Die rechte Seite ist die Schauseite, also die „schöne Seite" des Stoffs. In den Zeichnungen ist die rechte Stoffseite in hellem Farbton und die linke Stoffseite in einem dunkleren Farbton dargestellt. Wenn es also heißt „die Stoffteile rechts auf rechts legen", zeigen die „schönen Seiten" nach innen. Heißt es hingegen „links auf links", zeigen die „schönen Seiten" nach außen.

Strechstich

siehe Zusammennähen

Verriegeln

siehe Zusammennähen

Versäubern

Damit die Stoffkanten nicht ausfransen, werden diese versäubert. Hierfür eignet sich z. B. der Zickzackstich. Mit mittlerer Stichbreite und kleiner Stichlänge (1,2–2) knapp neben der Schnittkante nähen. Ebenso kann ein Overlockstich der Nähmaschine bzw. eine Overlock-Nähmaschine verwendet werden. Hier werden Gerad- und Zickzackstiche in einem besonderen Stichbild kombiniert. Es wird direkt an der Schnittkante genäht, sodass diese von der Naht sauber umschlungen wird. Sollen die Nahtzugaben einer Naht auseinander gebügelt werden, wird jede Schnittkante einzeln versäubert. Nahtzugaben, die in eine Richtung gebügelt werden, können gemeinsam versäubert werden. **Hinweis:** Die Schnittkanten dem Arbeitsablauf entsprechend nach und nach versäubern, falls in der Anleitung nichts anderes erwähnt ist.

Volant

Für einen Volant einen Stoffring zuschneiden. Falls der Volant an einer bestimmten Kante angesetzt werden soll, zunächst diese Kantenlänge abmessen = Umfang des Innenkreises. Mit der Kreisrockformel (siehe Grundbegriffe) die Radien für Innen- und Außenkreis bestimmen. Den aufgezeichneten Ring an einer Stelle mit geradem Fadenlauf quer aufschneiden. An der Innenkante die Nahtzugabe mehrmals einknipsen, sodass die Kante sich geradeziehen lässt. Die Mehrweite der Außenkante

legt sich nun in weiche Wellen. Innen- und Außenkante versäubern. Nach Wunsch die Außenkante säumen. Volant mit der Innenkante glatt in eine Naht einsteppen oder an eine Kante nähen. **Tipp:** Du kannst auch mehrere kleine Ringe zuschneiden, aufschneiden und an den Schmalseiten nebeneinander nähen! Wie stark sich der Volant wellt, hängt vom Innenradius des Rings ab. Als Faustregel gilt: Je kleiner der Innenradius im Verhältnis zum Außenradius, desto welliger fällt der Volant!

Zickzackstich

siehe Zusammennähen, siehe Versäubern

Zusammennähen

Stoffkanten rechts auf rechts aufeinander legen, stecken oder heften. Die Teile auf der Nahtlinie (= im Abstand der Nahtzugabenbreite von der Schnittkante aus gemessen) mit Geradstichen zusammennähen = „Steppen". Die Naht an Anfang und Ende sichern = „verriegeln". Hierfür am Nahtbeginn 3–4 Stiche vorwärts, dann rückwärts und anschließend wieder vorwärts nähen. Am Nahtende gegengleich verfahren. Einige Modelle im Buch sind nur mit elastischen Stoffen realisierbar. Werden diese mit einfachen Geradstichen zusammengenäht, könnte die Naht reißen sobald sich der Stoff dehnt. Viele Nähmaschinen haben daher einen Stretchstich im Programm. Alternativ kann einen leichter Zickzackstich (Stichbreite 1, Stichlänge 2–3) als Ersatz dienen. Die Naht stets an einem Probestück testen. Gegebenenfalls die Fadenspannung etwas lockern. Beim Nähen den Stoff nicht dehnen!

Zuschneiden

Vor dem Zuschneiden sollte der Stoff gewaschen werden, da viele Stoffe beim ersten Waschen einlaufen. Dies ist besonders wichtig, wenn unterschiedliche Stoffe in einem Kleidungsstück verarbeitet werden. Stoffe in der gleichen Wiese waschen, trocknen und bügeln, die für das fertige Kleidungsstück angewendet werden soll. Nicht waschbare Stoffe von links mit Dampf, so heiß wie möglich abbügeln (Pflegeanleitung des Stoffs beachten!).

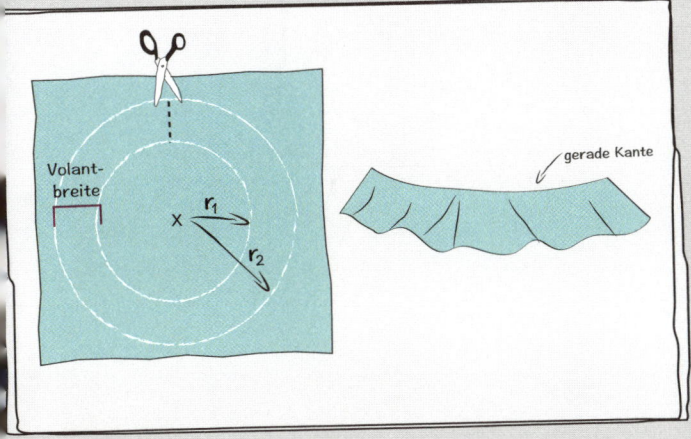

Paris

Je t' aime

Liebes Tagebuch,

heute beginnt meine Reise! Ich bin
schon total aufgeregt, was mich
wohl alles erwarten wird!
Meine erste Station ist Paris.
Die Stadt der Liebe ... und die
Modemetropole!

Paris

15

Paris

Material

Top
- Jerseystoff
- Spitzenreste

Rock
- Stoff mit leichtem Stand (z. B. Baumwolle)
- Bügeleinlage für den Bund
- 2 Druckknöpfe

Streifentop

Messen

Als Vorlage dient ein Tank-Top. Miss die Länge vom Träger bis zum Saum, bzw. zu der gewünschten Länge.

L_1: _____

Miss die Breite des Tank-Tops am Saum. Teile diesen Wert durch 2.

B_1: _____

Überleg dir, wie tief der vordere/hintere Ausschnitt werden soll und markiere diesen Punkt mit einer Stecknadel. Die Länge von der gewünschten Saumhöhe bis zur Stecknadel messen.

L_2: _____

Für die Armausschnitte, misst du die Länge von der gewünschten Saumhöhe bis unter die Achseln.

L_3: _____

VORLAGE

SCHNITTTEILE

Vorderteil   Rückteil

Wickelrock

Messen

Miss von der Taille aus die gewünschte Rocklänge.

L_1: _____

Für die Rockweite, misst du deinen Hüftumfang und multiplizierst den Wert mit 2 oder 2,5 (je nachdem, wie weit der Rock werden soll).

B_1: _____

Bund: Leg das Maßband an deiner rechten Körperseite in der Taille an. Wickle es nun von vorne nach hinten einmal komplett um die Taille herum, bis zu dem Punkt auf der linken Körperseite wo der Rock enden soll (= ca. auf Höhe der Brust).

B_2: _____

Die Bundhöhe ist beliebig, sie sollte jedoch maximal 5 cm betragen.

H_2: _____

SCHNITTTEILE

Rock

Bund

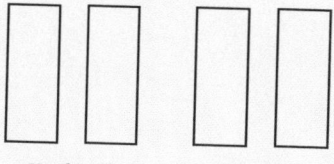

Anleitungen

Streifentop

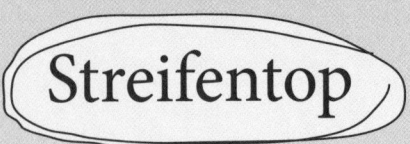

Zuschneiden

Vorder- und Rückteile

Abb. 1: Den Stoff rechts auf rechts in der Mitte falten und ein Rechteck (L_1 x B_1) aufzeichnen.

An den Seiten die Längen L_2 und L_3 abmessen. Mit Kreidestrichen markieren. Ringsherum mit 1 cm Nahtzugabe zuschneiden. Das identische Rechteck inkl. Markierungen noch einmal aus doppelter Stofflage zuschneiden. Du hast nun 4 gleiche Rechtecke.

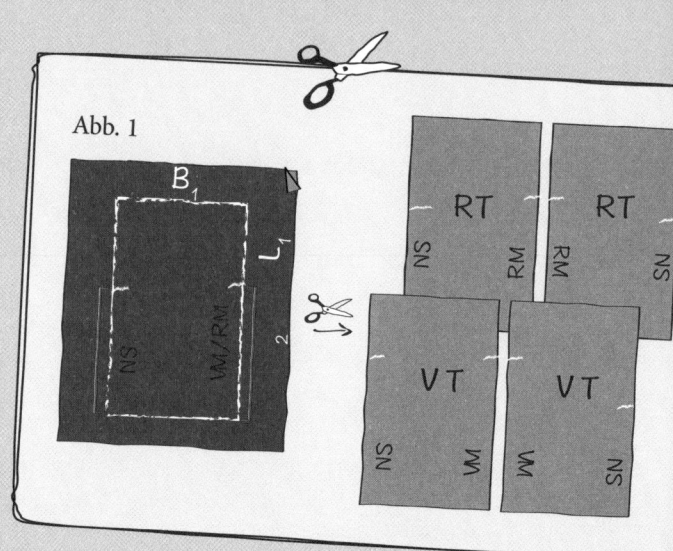

Abb. 1

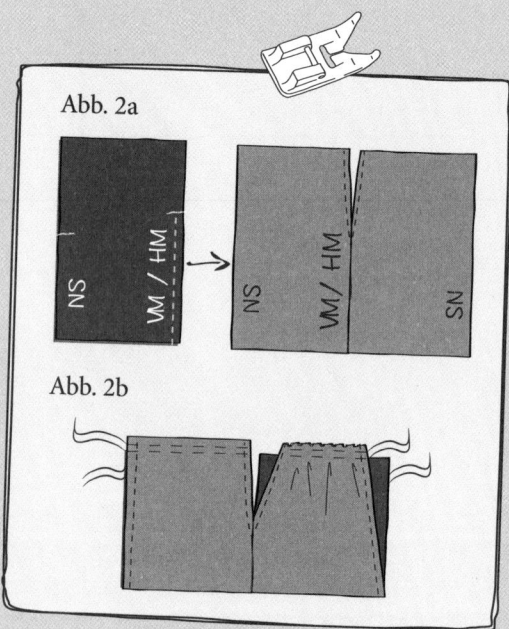

Abb. 2a

Abb. 2b

Nähen

Top

Abb. 2a: Für das Vorderteil zwei Rechtecke rechts auf rechts aufeinander legen und die vordere Mitte bis zur Ausschnitt-Markierung zusammenstecken. (Achte bei gestreiftem Stoff darauf, dass die Streifen an der Naht genau aufeinander treffen!) Naht steppen. Nahtzugaben auseinander bügeln. Die Nahtzugabe der Ausschnittkante nach links bügeln und feststeppen.

Näh für das Rückteil die beiden verbliebenen Rechtecke genauso.

Vorder- und Rückteil rechts auf rechts aufeinander legen und die Seitennähte bis zur Armausschnitt-Markierung steppen. Nähte bügeln. Top wenden. Die Nahtzugaben der Armausschnitte nach links bügeln und feststeppen.

Abb. 2b: Jetzt die oberen Ränder (= Schulterkanten) des Vorderteils auf die gewünschte Breite **einkräuseln**. Am besten vor dem Spiegel probieren! Die Schulterkanten des Rückteils auf die gleiche Breite raffen.

Top wenden, Schulternähte rechts auf rechts zusammenstecken und steppen. Nähte auseinanderbügeln.

Top mit **Stretchstichen säumen**.

Schulter-Applikation

Abb. 3: Ein Stück Spitze grob zurecht schneiden. Top anziehen und die Spitze an einer Schulter feststecken. Top ausziehen und die Spitze mit Handstichen festnähen. Überstehende Spitze zurückschneiden. Näh auf der anderen Schulter gegengleich ebenfalls ein Stück Spitze auf.

Abb. 3

Wickelrock

Zuschneiden

Abb. 1: Zeichne mit Kreide ein Rechteck (B_1 x L_1) auf die linke Stoffseite. Mit 1 cm Nahtzugabe zuschneiden.

Den Bund (B_2 x H_2) wie bei den Grundtechniken beschrieben zuschneiden und vorbereiten.

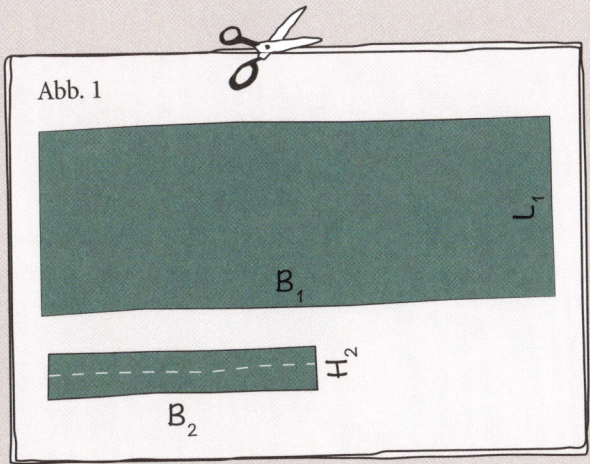

Abb. 1

Nähen

Die Rechteck-Kanten ringsherum versäubern. Die obere Längskante auf die Bundbreite **einkräuseln**.

Den Bund ansetzen. Rock **säumen**. Rock anziehen und die Kanten in der vorderen Mitte übereinander schlagen.

Abb. 2: Am Bund-Übertritt und Bund-Untertritt die Positionen für die Druckknöpfe mit Stecknadeln markieren. Druckknöpfe annähen.

Abb. 2

Perfekt dazu!

Das Jäckchen entspricht dem oberen Mantelteil vom Kurzmäntelchen auf Seite 46.

Der Saum wird hier bis auf Taillenhöhe verlängert und der Kragen U-Boot-förmig ausgeschnitten.

Material

Kleid

- leicht fallender Stoff, bei dem Vorder- und Rückseite möglichst gleich aussehen, z. B. Chiffon
- Gummiband (ca. 3 cm breit)
- Kette zum Aufnähen

Clutch

- Oberstoff, z. B. Baumwollstoff
- Futterstoff
- Bügeleinlage (mittlere bis feste Stärke)
- Lederband
- Druckknöpfe zum Einstanzen

Neckholderkleid

Messen

Zuerst die Breite von Vorder- und Rückteil bestimmen. Miss dazu deinen Hüftumfang und teil den Wert durch 2. Addiere ca. 15–20 cm Mehrweite (bei elastischen Stoffen kann es weniger Mehrweite sein.)

B_{VT} und B_{RT}: _____

Jetzt die Länge des Rückteils bestimmen. Dazu das Maßband über der Brust – auf der Höhe wo das Kleid sitzen soll – ansetzen und über die Brust nach unten hängen lassen.

L_{RT}: _____

Für die Länge des Vorderteils multiplizierst du L_{RT} mit 2,5. Die genaue Länge bestimmst du zum Schluss beim anprobieren.

L_{VT}: _____

SCHNITTTEILE

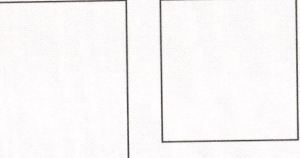

Rückteil

Vorderteil

Clutch

Messen

SCHNITTTEILE

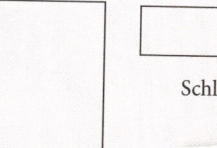

Schleife

Tasche

Tasche: Überleg dir zuerst, wie breit und wie hoch die fertige Tasche werden soll.

B_1: _____

H_1: _____

Jetzt leg fest, wie hoch die Taschenklappe werden soll.

H_2: _____

Berechne die Gesamthöhe H_3: $2x\ H_1 + H_2$

H_3: _____

Schleife: Für die Breite der Schleife addierst du zu B_1 ca. 15 cm hinzu.

B_2: _____

Die Höhe entspricht H_1.

Anleitungen

Neckholderkleid

Zuschneiden

Vorder- und Rückteil

Abb. 1: Die Rechtecke für das Vorder- und das Rückteil auf den ausgebreiteten Stoff zeichnen. Mit 1,5 cm Nahtzugabe zuschneiden.

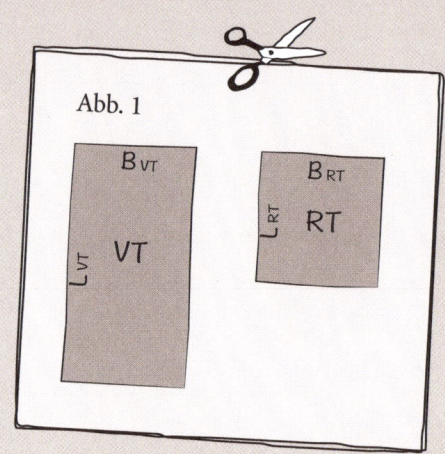

Abb. 1

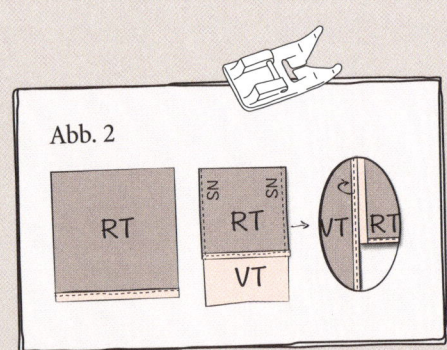

Abb. 2

Nähen

Vorder- und Rückteil zusammensetzen

Abb. 2: Beide Schnittteile rundherum versäubern. Das Rückteil 1,5 cm breit säumen.

Vorder- und Rückteil mit den Oberkanten bündig aufeinander legen und die Seitennähte steppen. Die Nahtzugaben an den Längsseiten des Vorderteils einmal knapp einschlagen und feststeppen. So sind die Stoffkanten entlang der gesamten Länge der vorderen Stoffbahn von beiden Seiten schön sauber. Nahtzugaben des Rückteils nach hinten bügeln.

Gummiband

Leg das Gummiband oberhalb der Brust um den Oberkörper und pass die Weite an, sodass es gut sitzt. Mit 2 cm Zugabe zuschneiden. Gummiband wie für einen **Gummibund** zusammennähen.

Abb. 3a: Jetzt wird das Gummiband auf der Innenseite an den oberen Kleidrand genäht, siehe **Gummibund**. Kleid wenden.

Abb. 3b: Das Gummiband nach innen klappen. Jeweils in den Seitennähten durchsteppen, damit es fixiert ist.

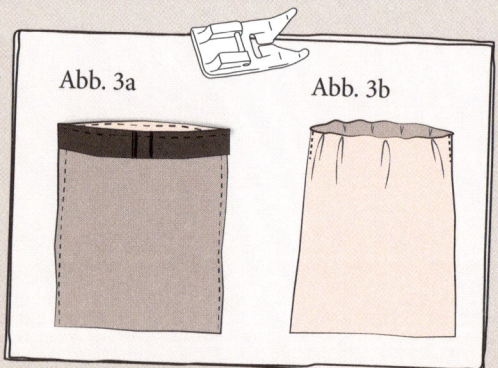

Abb. 3a   Abb. 3b

Kette

Abb. 4: Leg deine Kette an. Zieh das Kleid über und klapp die lange vordere Stoffbahn hoch, sodass der untere Rand bündig mit der rückwärtigen Saumkante liegt. Nun zuerst die vordere Mitte der Stoffbahn mit Nadeln oder Heftfäden an der Kette befestigen. Dann die Seiten in Falten raffen und den gesamten oberen Stoffrand so an der Kette drapieren, dass das Vorderteil schön fällt. Das Kleid ausziehen, die Kette mit Handstichen auf den Stoff nähen.

Tipp: Anstatt einer Kette kannst du auch einen Tunnelzug nähen und ein Band durchziehen!

Abb. 4

Clutch

Zuschneiden

Außen- und Innenseiten

Abb. 1a: Auf den Ober- und Futterstoff je ein Rechteck für die Tasche und für die Schleife zeichnen. Mit 1 cm Nahtzugabe zuschneiden.

Abb. 1b: Markiere mit Kreide die vordere Mitte. Unterteil das Rechteck mit Kreidelinien in Rückteil (H_1), Vorderteil (H_1), und Klappe (H_2). Mit der Schere an den Markierungen kleine (!) Knipse in die seitlichen Nahtzugaben schneiden.

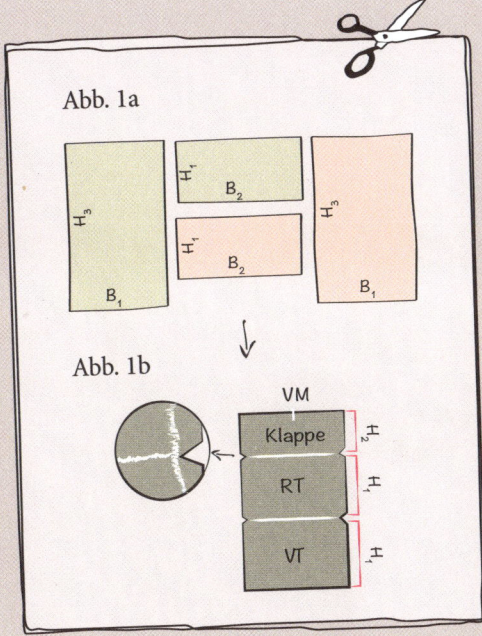

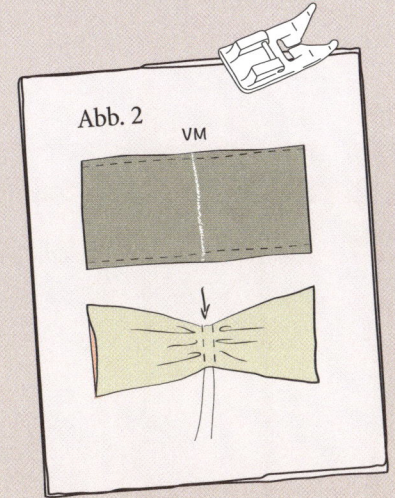

Nähen

Schleife

Abb. 2: Futter- und Oberstoff-Teil für die Schleife rechts auf rechts aufeinander stecken. Die obere und untere lange Kante zusammensteppen. Wenden und Bügeln.

Für die Schleifenoptik das Rechteck entlang der vorderen Mitte **einkräuseln**. Mittig zwischen den Kräuselfäden einmal durchsteppen, damit die Raffung fixiert wird. Kräuselfäden entfernen.

Schleife aufnähen

Rechteck an den Linien jeweils links auf links falten und die Bruchkante einbügeln.

Abb. 3a: Die Schleife mit der vorderen Mitte auf die Mitte der Taschenklappe stecken. Die seitlichen Kanten der Schleife glatt ziehen und die Schleife an die seitlichen Kanten der Taschenklappe stecken. Falls die Schleife an den Seiten übersteht, den Stoff bündig zur Klappe abschneiden. Hefte die Schleife mit großen Heftstichen an den seitlichen Kanten der Klappe fest.

Abb. 3b+c: Das Futter-Rechteck rechts auf rechts auf das Oberstoff-Rechteck mit Schleife legen. Stepp die Lagen an den Außenkanten der Taschenklappe sowie an den unteren Kanten zusammen. Wenden und Kanten bügeln.

Abb. 3d: Den unteren Teil der Tasche an der Bügelkante umklappen, sodass der Futterstoff nach außen zeigt. Die Seitennähte schließen und zusammengefasst **versäubern**, oder mit Schrägband einfassen. Tasche wenden und Ecken herausdrücken.

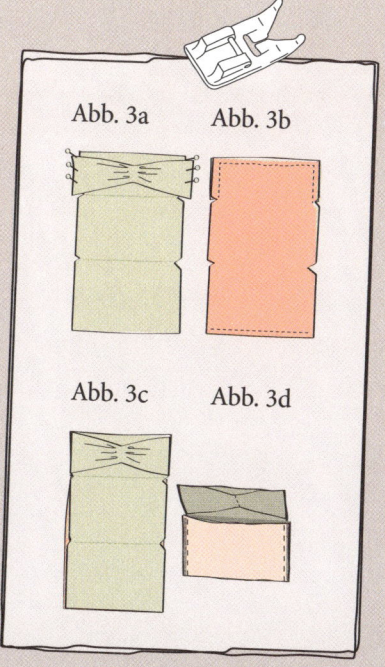

Das Lederband auf die Klappe steppen. Druckknöpfe nach Gebrauchsanweisung einstanzen.

Tipp
Mit **Volants** oder **Rüschen** lassen sich Oberteile schnell und einfach selbst herstellen oder pimpen! Angesetzt werden sie wie beim Kleid auf Seite 32–35 beschrieben.

Material

- Walk-, Loden-, Woll- oder Filzstoff
- evtl. Leder für den Kragen
- Lederband oder Stoff-**Schrägband** (kaufen oder selbst zuschneiden)
- 1 Mantel-Schließe

Cape-Mantel

Messen

Als Vorlage dient ein locker sitzender (Woll-) Pullover
mit halsnahem Ausschnitt.

Zieh den Pulli an und markiere am Ärmel mit einer
Stecknadel die ¾ Ärmel-Länge.

Überleg dir, um wie viel dein Mantel länger werden soll
als der Pulli. Miss die Strecke von der Pulli-Saumkante
bis zur Wunschlänge und notiere das Maß.

L: _____

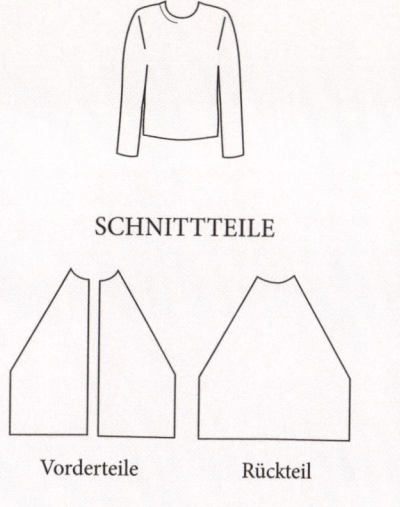

VORLAGE

SCHNITTTEILE

Vorderteile   Rückteil

Zuschneiden

Vorderteil

Abb. 1a: Falte den Stoff rechts auf rechts in der Mitte. Den
Pulli ebenfalls in der Mitte falten und an die Webkanten legen.
Die Entfernung zur unteren Stoffkante entspricht der gemessenen
Länge L. Nach oben hin genügend Platz lassen. Falte den Ärmel
an der Stecknadel-Markierung nach oben um.

Abb. 1b: Jetzt, wie abgebildet, mit Kreide um die Kontur des
Pullis herumzeichnen. Die äußere Ärmelkante des Pullis dabei
bis zur oberen Stoffkante hin in gerader Linie verlängern. Von
der äußeren Ecke des eingeklappten Ärmels eine senkrechte
Linie bis zur Stoffkante hinunter zeichnen.

Abb. 1c: Den Pullover so weit nach oben schieben, bis der Halsausschnitt die verlängerte Ärmellinie schneidet. Halsausschnitt
wie beim Vorderteil des Pullis auf den Stoff zeichnen. Mit 1 cm
Nahtzugabe zuschneiden.

Abb. 1d: Markiere an beiden Seiten mit Kreide ca. 10–15 cm
lange Ärmelöffnungen.

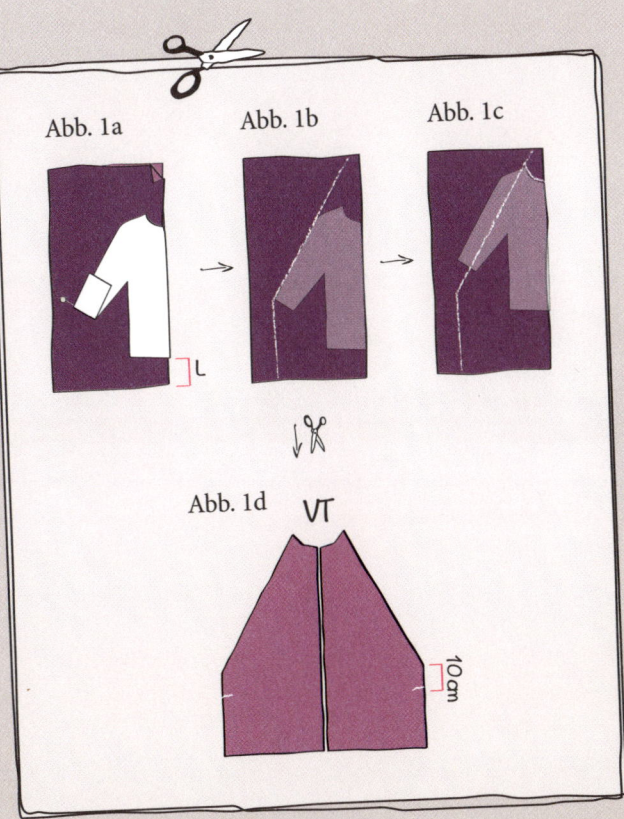

Abb. 1a   Abb. 1b   Abb. 1c

L

Abb. 1d   VT

10 cm

Rückteil

Abb. 2a: Falte den Stoff rechts auf rechts in der Mitte und leg das Vorderteil an den Stoffbruch.

Abb. 2b: Übertrage die Kontur mit Kreide. Vergiss dabei nicht, auch hier die Markierungen für die Ärmelöffnung einzuzeichnen. Den hinteren Halsausschnitt um ca. 6 cm erhöhen (orientiere dich am besten an deinem Vorlage-Pulli!). Mit 1 cm Nahtzugabe zuschneiden.

Wenn du einen besonderen Akzent bei deinem Mantel setzen möchtest, kannst du jetzt einen andersfarbigen Krageneinsatz z. B. aus Leder arbeiten. Falls nicht, gehe direkt weiter zu „Nähen".

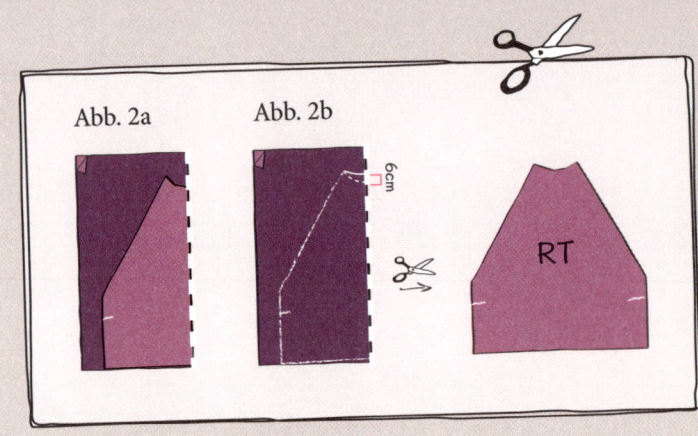

Abb. 2a   Abb. 2b

Kragen zuschneiden

Abb. 3a: Leg das in der Mitte gefaltete Rückteil und das Vorderteil aneinander passend vor dich hin. Zeichne mit Kreide ein beliebig breites Kragenteil parallel zur Halsausschnittkante.

Abb. 3b: Die Kragenteile auf Transparentpapier übertragen (beschrifte beim Rückteil die Stoffbruchkante der hinteren Mitte) und ausschneiden.

Abb. 3c: Die Schnittteile, wie gezeigt, auf das Leder stecken.

An der Unterkante je 1 cm Nahtzugabe dazuzeichnen. Zuschneiden.

Abb. 3d: Bei den eingezeichneten Kragenteilen am Mantel-Vorderteil und Mantel-Rückteil jeweils an den Oberkanten 1 cm Nahtzugabe anzeichnen und den Stoff oberhalb dieser Linien abschneiden.

Abb. 3a

Abb. 3b

Abb. 3c

Abb. 3d

Kragen nähen

Vordere Kragenteile rechts auf rechts auf das rückwärtige Kragenteil legen. Seitennähte stecken und steppen. Nahtzugaben auseinanderbügeln.

Den Lederkragen rechts auf rechts an die obere Kante des Mantels stecken. Achte darauf, dass die Seitennähte aufeinander treffen! Steppen und Nahtzugaben nach unten bügeln. Die Naht knappkantig absteppen, damit sich der Kragen gut legt.

Nähen

Vorder- und Rückteil zusammensetzen

Abb. 4: Die Vorderteile rechts auf rechts auf das Rückteil legen.
Seitennähte stecken und steppen, dabei die Öffnung für die
Ärmel frei lassen. Nähte auseinander bügeln. Mantel wenden.
Die vorderen Kanten mit (Leder-) **Schrägband** versäubern.
Tipp: Alternativ zum Schrägband könntest du auch lange
Streifen aus dem Kragen-Leder zuschneiden.

Schließe aufnähen.

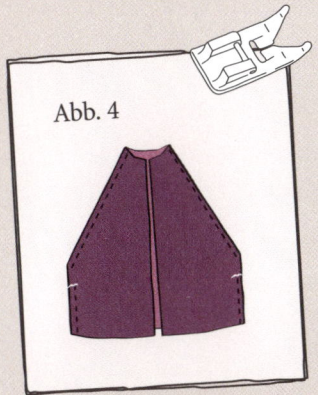

Abb. 4

Spitzenkleid

Messen

Vorderteil: Zuerst die Breite des Vorderteils bestimmen. Dafür deinen Hüftumfang messen und den Wert durch 2 teilen. Für die Mehrweite 2 cm addieren.

B_{VT}: _____

Rückteil: Für die Breite des Rückteils addierst du 3 cm Mehrweite zu B_{VT}.

B_{RT}: _____

Leg nun die Länge des Oberteils fest. Dazu das Maßband über der Brust – auf der Höhe, in der das Kleid beginnen soll – ansetzen und über die Brust nach unten hängen lassen.

L: _____

Rock: Die Breite der Stoffbahn entspricht etwa dem 2-fachen Hüftumfang (je nachdem wie stark der Rock gerafft werden soll).

B_{Rock}: _____

Nun die Länge (= Höhe) des Rocks bestimmen. **Tipp:** Gib hier zur gewünschten fertigen Länge besser zunächst einige Zentimeter hinzu und kürze den Rock dann zum Schluss auf die exakte Länge.

H_{Rock}: _____

SCHNITTTEILE

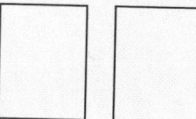

Vorderteil   Rückteil

Ärmel

Vorderteil Rock

Rückteil Rock

Material

- leichter, fließender Stoff
- breite Spitzenborte
- schmale Spitzenborte
- Gummiband (0,7 cm breit)

Zuschneiden

Vorder- und Rückteil

Abb. 1: Leg den Stoff mit der linken Seite nach oben vor dich hin und zeichne das Rückteil mit den ermittelten Maßen auf. Für das Vorderteil zunächst nur die Länge genau einzeichnen, die Breite ca. doppelt so Breit wie das Rückteil ansetzen. (Die endgültige Breite B_{VT} wird erst zum Schluss zugeschnitten!) Teile mit 1 cm Nahtzugabe zuschneiden. Die Mitte des Vorderteils am oberen und unteren Rand mit Kreidestrichen markieren.

Rockteil

Zwei Streifen (B_{Rock} x H_{Rock}) mit 1 cm Nahtzugabe zuschneiden.

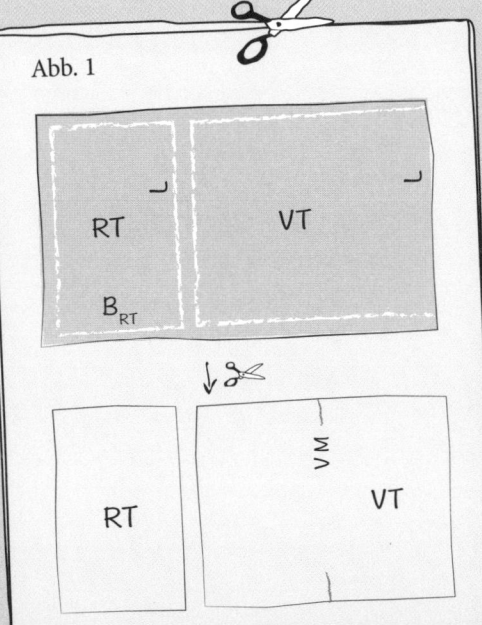

Abb. 1

Nähen

Vorderteil verzieren

Abb. 2a: Die breite Borte auf die vordere Mitte stecken und beidseitig **knappkantig** feststeppen.

Rechts neben der Borte die Position der 1. Biese markieren. Zeichne im gewünschten Abstand mit Kreide eine senkrechte Linie auf die rechte (!) Stoffseite.

Abb. 2b: Den Stoff an der markierten Linien links auf links falten und die Bruchkante bügeln.

Abb. 2c: Die Biese im Abstand von 5 mm zur Bruchkante senkrecht absteppen.

Abb. 2d: Stoff auffalten, die Biese zur rechten Stoffkante gerichtet legen und flach bügeln.

Abb. 2e: Jetzt wird wieder gemessen: Von der Faltenkante der 1. Biese aus ca. 1,5 cm nach rechts gehen und dort für die 2. Biese erneut eine senkrechte Linie aufzeichnen. Den Stoff wie zuvor beschreiben falten, die Biese absteppen und bügeln. Diesen Vorgang so oft du möchtest wiederholen. **Tipp:** Zwischen den Biesen nach Wunsch die schmale Borte aufnähen. Das Vorderteil zwischendurch immer einmal wieder vor dem Spiegel anhalten und die Breite der rechten Vorderteil-Hälfte prüfen. Wenn etwas mehr als die ½ B_{VT} erreicht ist und dir die rechte Vorderteil-Hälfte gefällt, näh die linke Hälfte identisch.

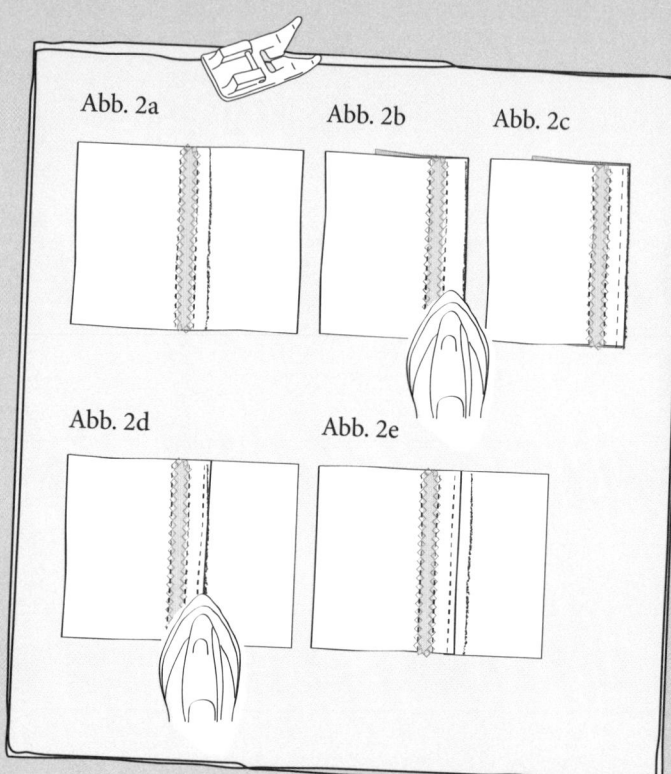

Abb. 2a   Abb. 2b   Abb. 2c

Abb. 2d   Abb. 2e

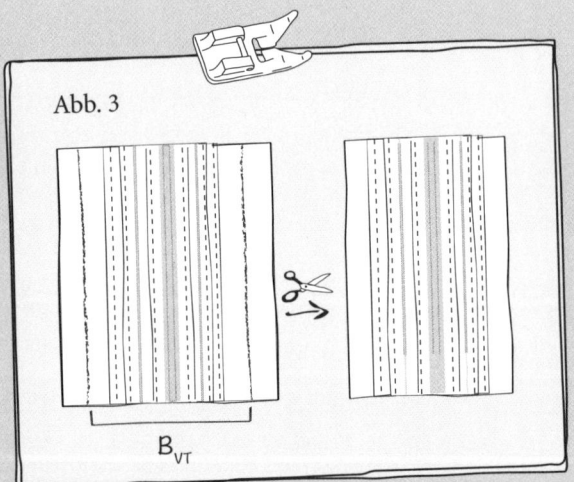

Abb. 3

B_{VT}

Vorderteil zuschneiden

Abb. 3: Das verzierte Vorderteil auf die ermittelte Breite B_{VT} plus 1 cm Nahtzugabe zuschneiden.

Beleg

Abb. 4a: Für das Vorder- und Rückteil je einen 8 cm hohen **Beleg** aus unverziertem Stoff zuschneiden.

Abb. 4b: Vorder- und Rückteil rechts auf rechts aufeinander legen. Die Seitennähte stecken und steppen. Kanten bügeln. Vorderes und rückwärtiges Belegteil genauso zusammensteppen.

Abb. 4c: Beleg rechts auf rechts an das Oberteil stecken und die obere Kante steppen. Beleg nach innen klappen. Kante bügeln.

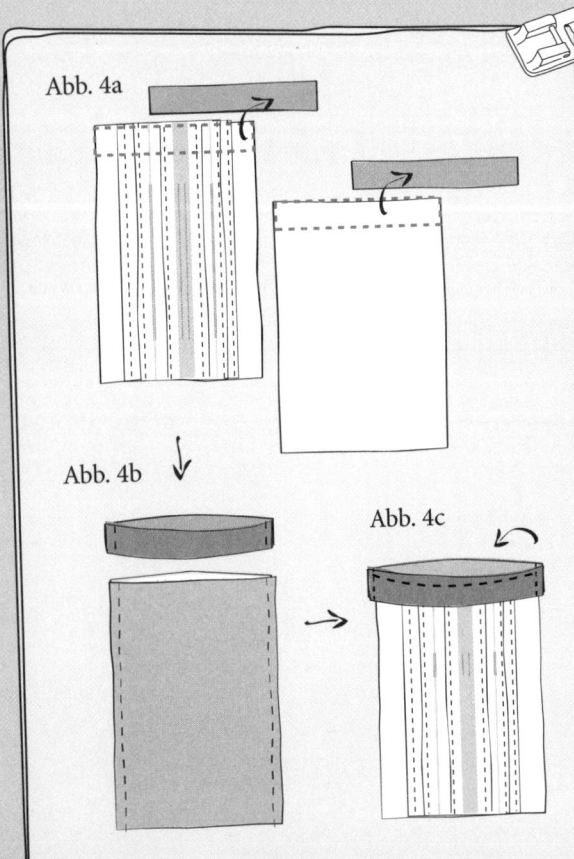

Abb. 4a

Abb. 4b

Abb. 4c

Oberteil fertig stellen

Abb. 5: Für das Gummiband im Abstand von 1 cm zur oberen Kante einen Tunnel an Vorder- und Rückteil absteppen. Dabei den Abschnitt mit Biesen und Borten nicht mitsteppen! Mit Hilfe einer Sicherheitsnadel das Gummiband einziehen und den Anfang mit einer Stecknadel sichern. Das Gummibandende zunächst noch lang hängen lassen, damit du die Weite regulieren kannst. Oberteil wenden.

Probier das Oberteil an und zieh das Gummiband straff. Gummibandenden mit je einer senkrechten Naht quer über dem Tunnel feststeppen. Überstehendes Gummiband abschneiden.

Ärmel

Abb. 6: Für die Träger zunächst zwei etwas längere Stücke Borte abschneiden. Träger an das Oberteil stecken. Oberteil anziehen und die exakte Länge der Träger bestimmen. Nimm die Träger zunächst nochmals ab. Die Flügel-Ärmel bestehen aus je einem **Volant**. Miss die Trägerlänge und zieh 2 cm für die Nahtzugaben ab. Bestimme die Trägerbreite und setzt die ermittelten Werte in die **Kreisrockformel** ein. Den entsprechenden Ring 2x auf den Stoff zeichnen, dabei die Enden wie in der Abb. gezeigt, schmal auslaufen lassen. Volant-Ringe zuschneiden. An jedem Volant beide Längskanten jeweils knapp nach links **säumen**. Träger etwas überlappend auf die innere Volantkante legen und feststeppen. Träger an das Oberteil nähen.

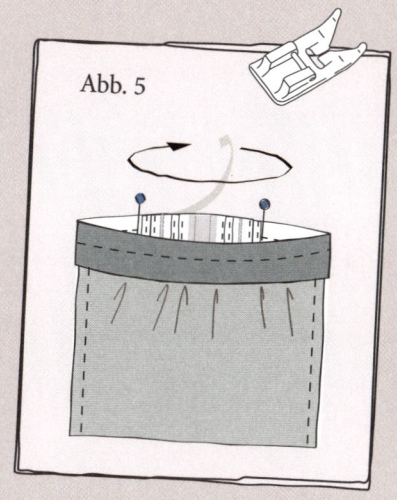

Abb. 5

Abb. 6

Rockteil

Streifen auf B_{VT} bzw. B_{RT} **einkräuseln**. Rüschen rechts auf rechts aufeinander legen und die Schmalseiten zusammennähen. Rockteil rechts auf rechts an den unteren Rand des Oberteils nähen. Nahtzugaben nach oben bügeln. Rock säumen.

Tipp
Für einen separaten
Rock die Rüschen-
teile einfach mit
einem Gummibund
versehen.

Neckholderkleid mit Rüschen

Messen

Oberteil: Als Vorlage dient ein locker sitzendes, hüftlanges T-Shirt.

Rock: Die Breite der Rüschenstreifen entspricht etwa deinem doppelten Hüftumfang.

B: _____

Die Länge (= Höhe) der beiden Rüschenstreifen ist beliebig. Gib hier zum gewünschten fertigen Länge besser zunächst einige Zentimeter hinzu und kürze zum Schluss auf die exakte Länge.

H: _____

VORLAGE

SCHNITTTEILE

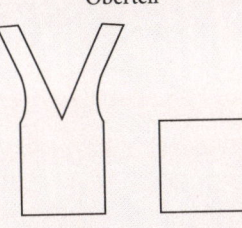

Oberteil

Vorderteil   Rückteil

Rock

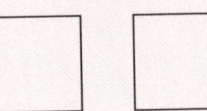

Vorderteil   Rückteil

vordere Rüsche

hintere Rüsche

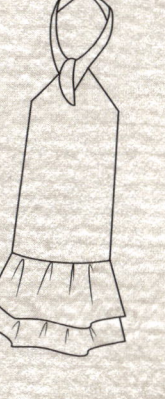

Material

Oberteil
· Jerseystoff

Rüschen-Rock
· Jerseystoff
· leichter Woll- oder Baumwollstoff für die Rüschen
· Samtband

Tipp

Für den Glamour-Look wird der Unterrock statt aus Jersey aus elastischem Paillettenstoff zugeschnitten und wie in der Anleitung beschrieben an das Oberteil genäht.

Anleitung

Neckholderkleid mit Rüschen

Zuschneiden

Vorderteil

Abb. 1a: Falte den Stoff rechts auf rechts in der Mitte. Auch das T-Shirt in der Mitte falten und an den Stoffbruch legen. Nach oben hin genügend Abstand zur Stoffkante lassen (mind. 30 cm).

Abb. 1b: Übertrag mit Kreide die Shirt-Kontur, mit Ausnahme des Ärmels. Hier nur die Armausschnitt-Kante einzeichnen. In Höhe des Armausschnitt-Anfangs (bzw. 2–3 cm darüber) in der vorderen Mitte eine Markierung anzeichnen. Für den Träger nun mit dem Lineal eine Linie vom markierten Punkt bis zum Halsausschnitt zeichnen und diese Linie zur oberen Stoffkante hin verlängern. Parallel zu dieser Linie zeichnest du in Schulterbreite eine zweite Linie auf. Vorderteil mit 1 cm Nahtzugabe zuschneiden.

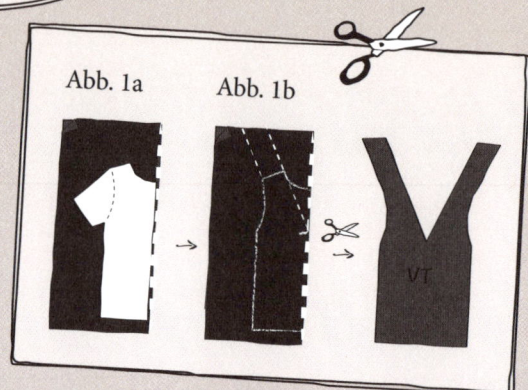

Rückteil

Abb. 2: Das gefaltete Shirt im gleichen Abstand zur unteren Stoffkante wie zuvor das Vorderteil an den Stoffbruch legen. Den oberen Teil des Shirts vom Ärmel ab nach unten klappen und nur die rechteckige Kontur des unteren Teils mit Kreide übertragen. Mit 1 cm Nahtzugabe zuschneiden.

Beleg

Abb. 3: Für das Vorder- und Rückteil je einen **Beleg** aus Jersey oder einem dünnen elastischen Futterstoff zuschneiden. (Für einen besonderen Effekt kannst du auch Stoff in einer Kontrastfarbe verwenden!)

Rock

Abb. 4a: Auf den doppelt liegenden Jersey ein Rechteck zeichnen. Die Breite entspricht der Saumbreite des Oberteils. Die Rocklänge ist beliebig. (Dafür in etwa die Länge vom Shirt-Saum bis zu deinem Oberschenkel messen.) Du hast jetzt 4 Jersey-Schnittteile.

Abb. 4b: Zeichne 2 Streifen für die Rüschen (B x H) auf den doppelt liegenden Stoff. Mit 1 cm Nahtzugabe ringsherum zuschneiden.

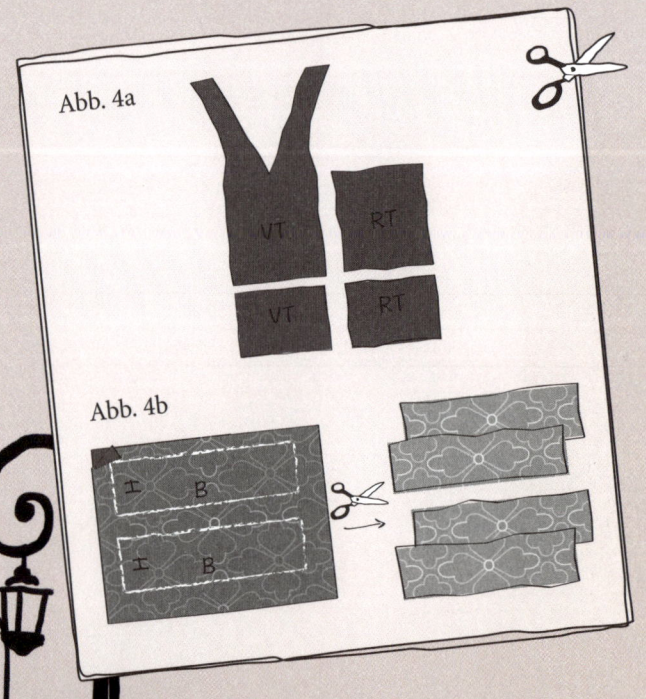

Nähen

Oberteil

Abb. 5a: Vorder- und Rückteil rechts auf rechts aufeinander legen, Seitennähte stecken und mit **Stretchstichen** steppen. Nähte auseinander bügeln.

Abb. 5b: Vorderes und rückwärtiges Belegteil rechts auf rechts aufeinander legen, Seitennähte stecken, steppen und Nähte bügeln.

Abb. 5c: Beleg nach rechts wenden und dann rechts auf rechts in das Oberteil stecken.

Abb. 5d: Die Kanten von Top und Beleg an Vorder- und Rückteil zusammenstecken und steppen, dabei die Trägerenden offen lassen! Die Nahtzugaben bis auf 0,5 cm zurückschneiden. Beleg und Top nach rechts wenden.

Zieh nun das Oberteil an. Verknote die Träger zunächst in der vorderen Mitte und binde sie dann im Nacken zusammen. Die Träger auf die passende Länge kürzen. Die Kanten der Trägerenden 1 cm nach innen einschlagen und die Öffnungen mit kleinen Handstichen schließen.

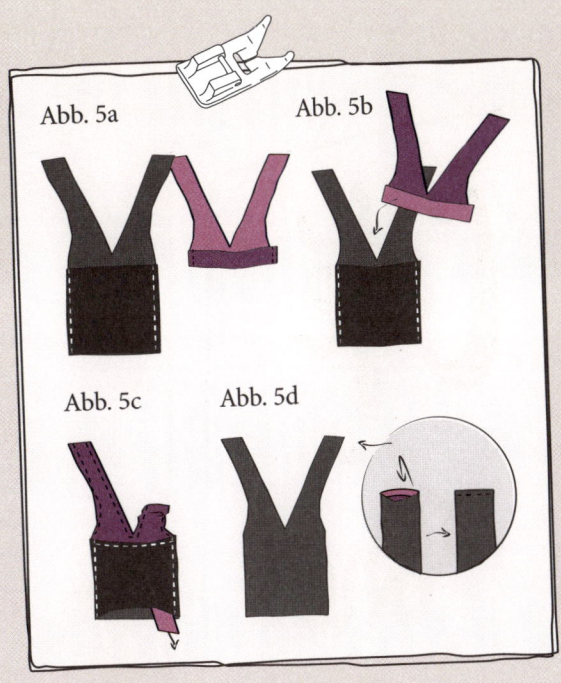

Abb. 5a Abb. 5b

Abb. 5c Abb. 5d

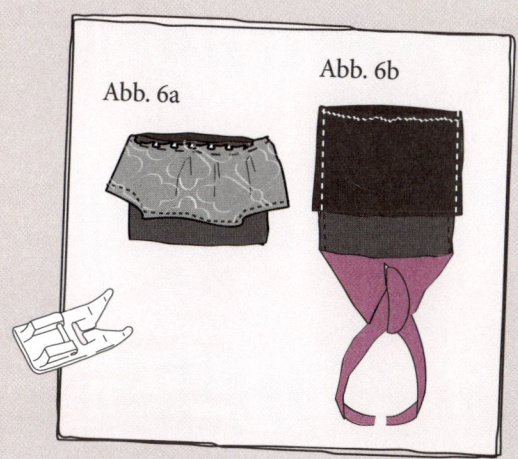

Abb. 6a Abb. 6b

France

Abb. 7

Rock

Leg die Rockteile rechts auf rechts aufeinander und stepp die Seitennähte. Nahtzugaben auseinander bügeln.

Für die Rüschen zweimal je 2 Streifen rechts auf rechts aufeinander legen und Seitennähte steppen. Nahtzugaben auseinander bügeln. Die Ringe jeweils auf den Rockumfang **einkräuseln**.

Abb. 6a: Für die obere Rüsche einen Rüschen-Ring links auf rechts an den oberen Rockrand stecken und mit großen Stichen anheften.

Abb. 6b: Den Rock mit der Kante mit Rüsche rechts auf rechts an den unteren Rand des Oberteils stecken. Teile mit **Stretchstichen** rundum zusammensteppen. Kleid wenden und Nahtzugaben bügeln.

Das Kleid anziehen und die Länge der 1. Rüsche prüfen, diese ggf. zurückschneiden. Die untere Rüsche in der gewünschten Höhe an den Rock halten. Den Ansatz der Rüschenoberkante mit einem Kreidestrich auf dem Rock markieren.

Abb. 7: Kleid ausziehen und parallel zum Saum die Ansatzlinie rundum auf den Rock zeichnen. Die untere Rüsche links auf rechts über den Rock ziehen, an der markierten Ansatzlinie feststecken und von rechts mit Stretchstichen festnähen. Rüschen in der gewünschten Länge **säumen**. Samtbänder aufnähen.

Café
~
Thé
~
Chocolat
~

Material

Wickeltop
- leichter Strickstoff oder Jerseystoff
- Gummiband (ca. 2 cm breit)

Rock
- leichter bis mittelschwerer Stoff
- Bügeleinlage für den Bund
- 2 Druckknöpfe

Aus 2 mach 1
Das Top unterhalb der Brust enden lassen und eine gekräuselte Stoffbahn ansetzen (siehe Rockteil, Seite 31). Die Wrap-Bänder wie ein Bandeau-Top binden.

Wickeltop

Messen

Als Vorlage dient ein Tank-Top. Zieh das Top an und prüf, ob dir die Länge gefällt. Miss gegebenenfalls deine Wunschlänge und markiere sie mit einer Stecknadel:

L: _____

Um die Breite der Warp-Bänder zu bestimmen, legst du das Maßband locker über deine Brust. Addiere noch einige cm dazu.

B_{Wrap}: _____

Die Bänder vorerst noch möglichst lang lassen und erst im gewickelten Zustand zurückschneiden!

L_{Wrap}: _____

VORLAGE

SCHNITTTEILE

Vorderteil   Rückteil

Wrap-Teil

Vokuhila-Rock

Messen

Rock: Für die Rockweite miss zunächst deinen Hüftumfang und verdopple den Wert.

B_1: _____

Für die Rocklänge die gewünschte längste Stelle in der hinteren Mitte an dir abmessen = H und 20 cm addieren. (Je größer der Wert ist den du addierst, desto weiter wird später der Rock, da die Taillenkante länger wird.)

H_1: _____

Bund: Für die Bundbreite misst du deinen Taillenumfang und addierst ca. 20 cm für den Über- und Untertritt in der vorderen Mitte.

B_2: _____

Die Bundhöhe ist beliebig, sie sollte jedoch maximal 5 cm betragen.

H_2: _____

SCHNITTTEILE

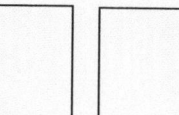

Rock

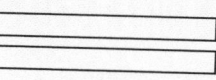

Bund

Anleitungen

Wickeltop

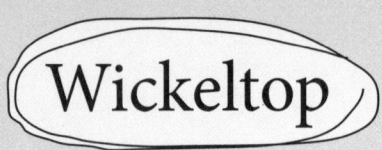

Zuschneiden

Vorder- und Rückteil

Abb. 1: Für das Vorderteil das Tank-Top in der Längsmitte falten und auf dem gefalteten Stoff an die Bruchkante legen. Klapp den oberen Teil des Tops nach unten und zeichne die Konturen auf (Beachte dabei ggf. die gemessenen Länge L). Mit 1 cm Nahtzugabe zuschneiden. Das Rückteil identisch zuschneiden.

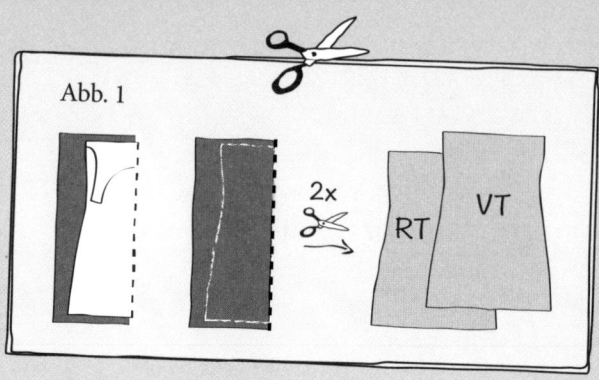

Wrap-Bänder

Abb. 2: Zwei Streifen (B_{Wrap} x L_{Wrap}) aus dem doppelt liegenden Stoff zuschneiden.

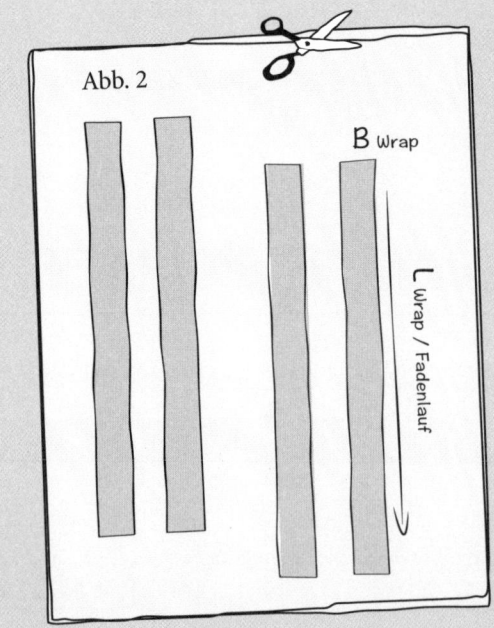

Nähen

Top

Abb. 3a: Vorder- und Rückteil rechts auf rechts aufeinander legen. Seitennähte mit **Stretchstichen** schließen. Nahtzugaben auseinander bügeln. Pass das Gummiband auf den Umfang über deiner Brust an und schneid es mit etwas Zugabe ab.

Abb. 3b: Das Gummiband zum Ring zusammenlegen. Dann den Ring rechts auf links an den oberen Rand des Tops stecken, dabei an einer Seitennaht ansetzen und die Weite wie bei einem **Gummibund** verteilen. An der Seitennaht auch mit dem Annähen beginnen. Gummiband knappkantig, unter leichter Dehnung rundum annähen. Gummibandende überlappend festnähen. Naht gut **verriegeln**.

Abb. 3c: Das Gummiband an der Kante nach innen klappen und mit Stretch- bzw. Zickzackstichen und unter leichter Dehnung im Abstand von 1,5 cm zur oberen Kante feststeppen.
Top mit Stretchstichen **säumen**.

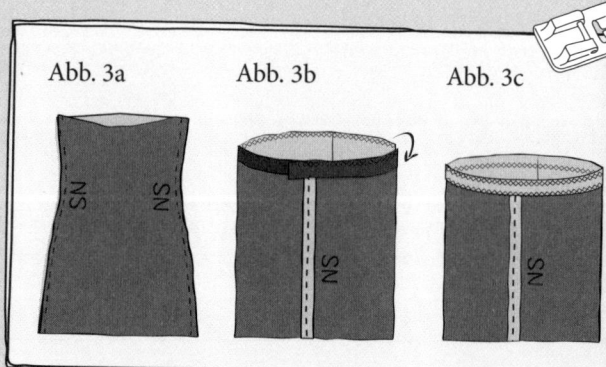

Wrap-Bänder

Abb. 4a: Je zwei Bänder rechts auf rechts aufeinander legen und an einer Schmalseite zusammennähen = hintere Mitte. Nahtzugaben auseinander bügeln.

Abb. 4b: Die beiden Bänder rechts auf rechts aufeinander legen und die obere und untere lange Kante steppen. Band wenden und die Kanten bügeln. Du hast jetzt ein langes Wrap-Band.

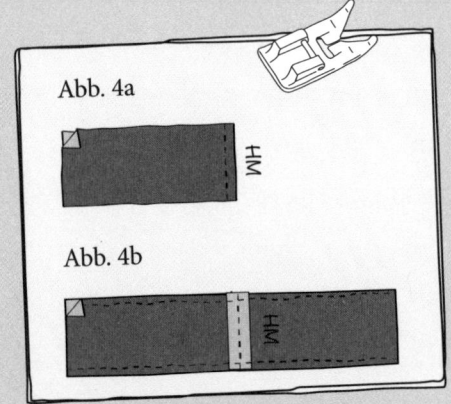

Das Top anziehen und die Mitte des Wrap-Bandes in der hinteren Mitte an das Top stecken. Jetzt das Warp-Band probeweise binden und eventuell kürzen. Top wieder ausziehen. Das Warp-Band nochmals entfernen. Die offenen Bandenden schmal auslaufend zuschneiden. Wende das Band nach links und näh eine der seitlichen Öffnungen zu. Die 2. Öffnung zunächst nur zur Hälfte zunähen, damit eine Wendeöffnung bleibt. Wende das Band nach rechts und schließ die verbliebene Öffnung mit Handstichen. Kanten bügeln. Nun steckst du das Warp-Band wieder an das Top und steppst es in der Naht fest.

Vokuhila-Rock

Zuschneiden

Abb. 1: Für den Rock ein Rechteck mit den ermittelten Maßen (B_1 x H_1) aus dem Stoff zuschneiden. Die Mitte mit einer Kreidelinie markieren. Miss an der Mittellinie die addierte Länge (20 cm) nach unten ab und markiere den Punkt.

Zeichne nun die Form, wie in der Abbildung gezeigt, bis zur Rechteck-Mitte auf. Das fertige Schnittteil soll eine Halbmondform bekommen. Damit das Teil exakt symmetrisch wird, schneidest du das Teil zunächst entlang der Kreidelinien nur bis zur Mittellinie aus. Dann faltest du das Teil entlang der Mittellinie auf die andere Stoffseite und schneidest nun die 2. Hälfte gleichgroß zu.

Den **Bund** wie bei den Grundtechniken beschrieben mit den Maßen (B_2 x H_2) zuschneiden und vorbereiten.

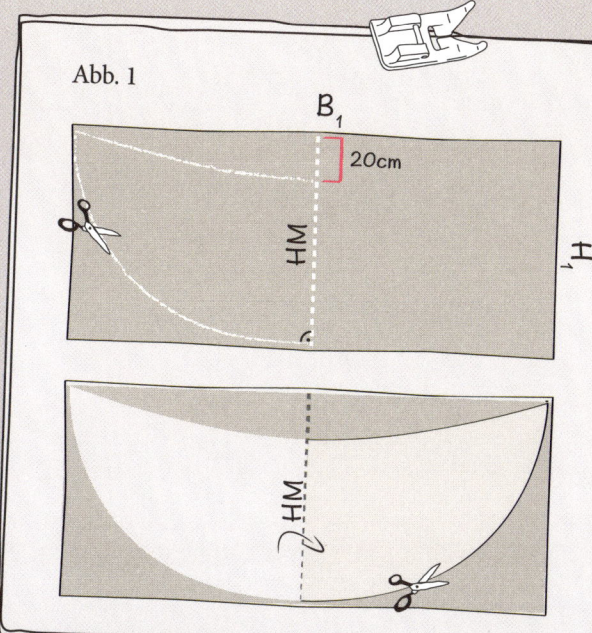

Abb. 1

B_1

20cm

HM

H_1

HM

Nähen

Rockteil **versäubern** und **säumen**.
Abb. 2: Die Taillenkante auf Bundbreite **einkräuseln**.
Den **Bund** an den Rock nähen. Rock anziehen und Kanten in der vorderen Mitte übereinander legen. Am Bund-Übertritt und Bund-Untertritt die Positionen für die Druckknöpfe mit Stecknadeln markieren. Druckknöpfe annähen.

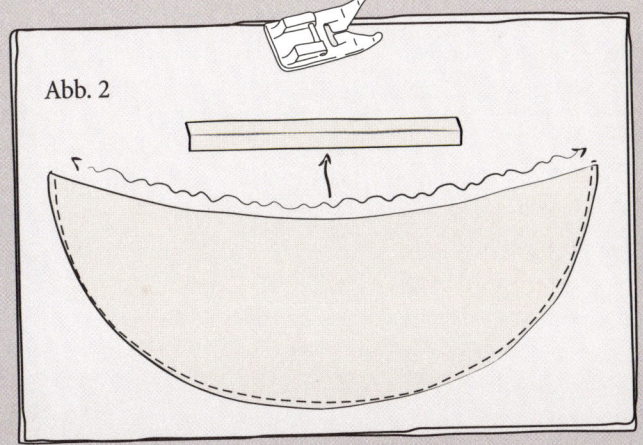

Abb. 2

Material

- Feintüll
- passender Futterstoff
- farblich passendes Gummiband für den Bund

Tüllkleid

Messen

Tüllrock: Die Höhe von der Taille bis zum Boden bestimmen. (Absatzhöhe deiner Schuhe beachten!)

B_1: _____

Je länger die Tüllbahn ist, desto schöner ist der Raff-Effekt.

L_1: ca. 3–4 m _____

Tüll-Wrap-Bänder: Schneide die die Wrap-Bänder vorerst möglichst lang zu. Erst beim Anprobieren anpassen.

L_2: ca. 2 m _____

Für die Breite der Bänder setzt du das Maßband an deiner Körperseite an und lässt es über die Brust bis zu deiner Körpermitte laufen. Diesen Wert mit 1,5 oder 2 multiplizieren, je nachdem wie stark der Tüll gerafft werden soll.

B_2: _____

Futterrock: Da Tüll sehr transparent ist, brauchst du einen blickdichten Unterrock. Näh dafür einen Halbkreisrock. Miss deinen Hüftumfang und addiere 3 cm. Setz diesen Wert in die Formel für den **Halbkreisrock** ein und ermittle den Innenradius.

r_1: _____

Jetzt von der Wunschhöhe B_1 ca. 3–5 cm abziehen und so den Wert für den Außenradius ermitteln.

r_2: _____

Futter-Wrap-Teile: Der vordere Teil der Wrap-Bänder muss ebenfalls mit blickdichtem Stoff unterlegt werden. Dieser soll allerdings möglichst glatt anliegen und wird daher ein gutes Stück schmaler als die Tüll-Bänder zugeschnitten (Die Breite entspricht in etwa der Breite gemessen von deiner Körperseite über die Brust bis zu Körpermitte.

B_3: _____

Die Länge von der Taille bis über die Brust messen.

L_3: _____

SCHNITTTEILE

Rock

Unterrock

Oberteil

Anleitung

Tüllkleid

Zuschneiden

Abb. 1a: Schneide die Tüllbahn für den Rock (L_1 x B_1) und die beiden Bahnen für die Wrap-Bänder (L_2 x B_2) aus Tüll zu.

Abb. 1b: Aus dem Futterstoff einen Halbkreisrock mit den Werten r_1 und r_2 zuschneiden.

Die Futterteile für die Wrap-Bänder im schrägen Fadenlauf zuschneiden (L_3 x B_3).

Für die Gummibandlänge deinen Taillenumfang messen und das Gummiband mit 2 cm Nahtzugabe zuschneiden.

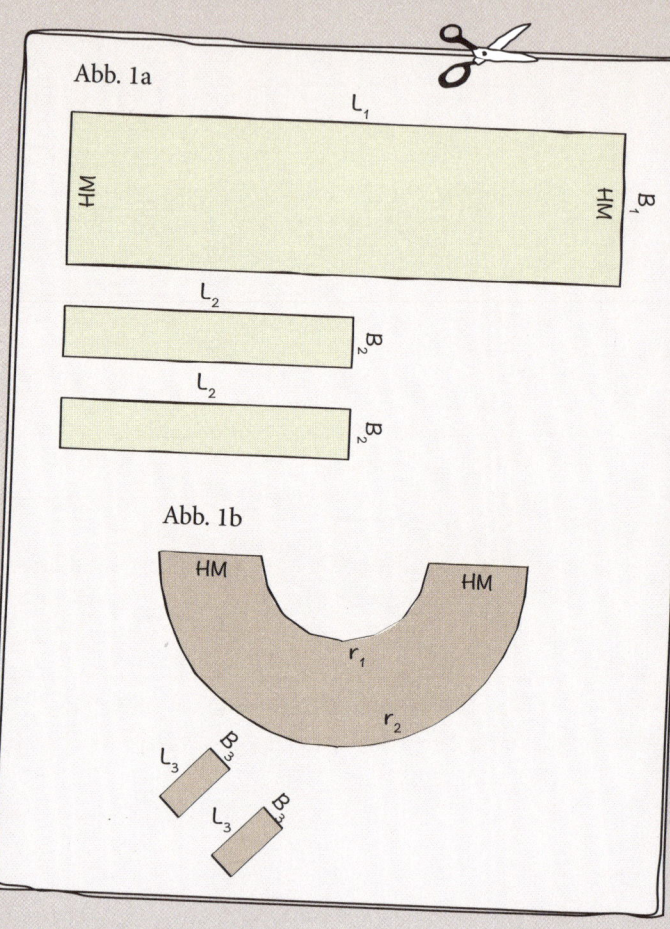

> **Tipp**
> Wenn du das Kleid aus einem anderen Stoff fertigen möchtest, schneid die Wrap-Bänder im schrägen Fadenlauf zu! Anstelle eines gekräuselten Rocks kannst du auch einen **Kreisrock** nach Wunsch ansetzen

Nähen

Rock

Abb. 2a: Den Tüll in der Länge auf deinen Hüftumfang **einkräuseln**. Rechts auf rechts falten und die hintere Mitte steppen.

Den Futterrock ringsherum versäubern und die hintere Mitte steppen.

Abb. 2b: Tüll- und Futterrock links auf links ineinander stecken (die rechten Stoffseiten zeigen nach oben) und die oberen Ränder mit großen Stichen zusammensteppen.

Abb. 2c: Ein **Gummibund** an die oberen Ränder nähen.

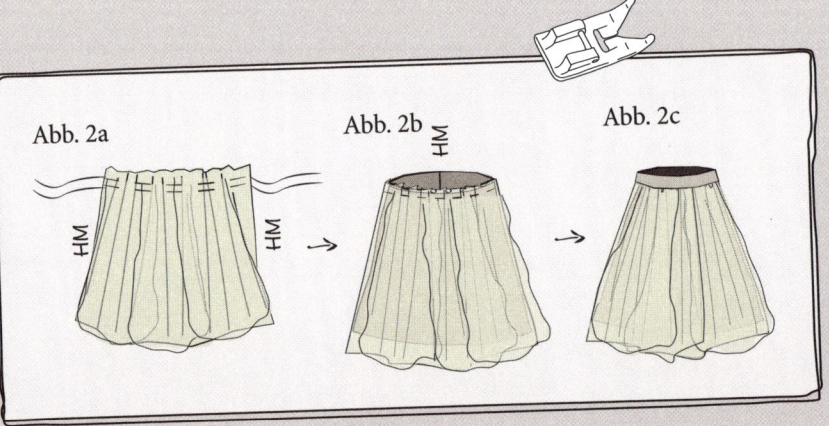

Wrap-Bänder

Abb. 3a: Die Futterteile rundum versäubern. Teile rechts auf rechts aufeinander legen und die vordere Mitte ein Stück weit zusammensteppen (bestimme dazu die Länge von deiner Taille bis etwa zwischen die Brüste auf Höhe der Ausschnittspitze). Nahtzugaben auseinander bügeln.

Abb. 3b: Die Tüll-Bänder in der gleichen Länge zusammensteppen. Nahtzugaben sauber zurückschneiden und auseinander bügeln.

Abb. 3c: Das Futterteil links auf rechts auf das Tüllteil legen. (Wenn das Teil gewendet wird, sollen die Nahtzugaben vom Futter nicht durch den Tüll scheinen!) Die seitlichen und inneren Kanten von Futter- und Tüllteil aufeinander stecken und **knappkantig** zusammensteppen. Wenden und die Kanten bügeln.

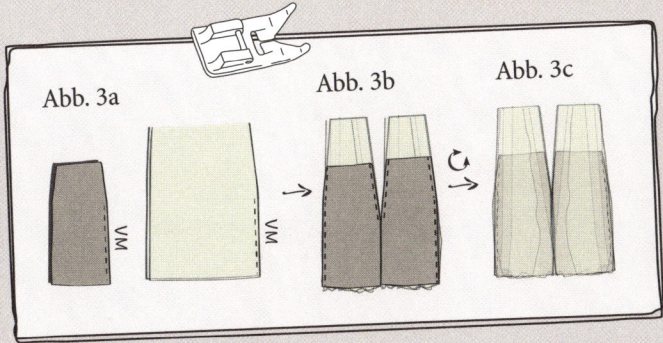

Abb. 3a Abb. 3b Abb. 3c

Rock und Bänder zusammennähen

Den Tüllrock anziehen. Achte darauf, dass die Naht in der hinteren Mitte sitzt! Jetzt das Wrap-Teil zuerst in der vorderen Mitte, dann an den Seiten mit Stecknadeln auf der Innenseite an den Gummibund stecken. Die Weite gleichmäßig auf den Gummibund verteilen (siehe **Gummibund**). Warp-Teil unter Dehnung annähen.

Binden

Die Bänder werden zunächst glatt über die Brust nach oben gelegt, dann jedes Band in sich verzwirbelt und im Rücken überkreuzt. Bänder 1–2x um die Taille binden, verknoten und die restlichen Stücke lose hängen lassen.
Bandenden schräg abschneiden.

London

Paris

Liebes
Tagebuch,

nach ein paar aufregenden

Tagen in Paris geht die

Reise weiter ... !

London ich komme:
Shopping, Party, Glamour!

I ♥ LONDON

London

45

Variations-Tipp
Anstatt aus Fell kannst du den Kragen auch aus Stoff anfertigen und mit Schlaufe und Perle schließen.

Welcome

Kurzmäntelchen

Messen

Als Vorlage für das obere Mantelteil dient ein (weit sitzender) Pullover.
Pullover anziehen und mit einer Stecknadel über der Brust die Höhe
markieren, in der das „Rock"-Teil des Mantels angesetzt werden soll.
Außerdem die gewünschte Ärmellänge für einen ¾ Ärmel markieren.
Für das Rock-Teil des Mantels benötigst du einen Viertelkreis.
Miss von der Stecknadelmarkierung über der Brust nach unten bis zur
Wunschlänge und notiere das Maß:

L_1: _____

Die Berechnung des Innen- und Außenradius für den Viertelkreis
erfolgt später.

VORLAGE

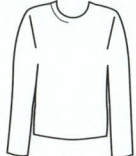

SCHNITTTEILE

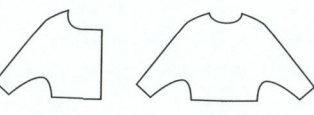

Vorderteil   Rückteil

Rockteil

Material

Mantel
- Woll-, Walk,
  oder Filzstoff
  (Wichtig: Der Stoff sollte keinen
  erkennbaren Fadenlauf haben)
- Schrägband
- große Druckknöpfe oder Lederschließen

Für den losen Fellkragen
- Kunstfell oder Plüsch
- Futterstoff
- evtl. Bindebänder

Anleitung

Kurzmäntelchen

Zuschneiden

Oberes Mantelteil

Abb. 1a: Zuerst wird das Rückteil zugeschnitten. Dafür den Stoff rechts auf rechts in der Mitte falten und an den Stoffbruch legen. Den Pullover an den markierten Stellen einklappen und mit Kreide die Konturen nachzeichnen, dabei den Übergang der inneren Ärmelnaht zum Hauptteil laut Abb. abrunden. Mit 1 cm Nahtzugabe ringsum zuschneiden. Das zugeschnittene Rückteil zunächst gefaltet lassen.

Abb. 1b: Jetzt das Vorderteil zuschneiden. Das Rückteil im Abstand von 2 cm zur Webkante auf den doppelt liegenden Stoff stecken und die Konturen des Rückteils ringsherum nachzeichnen.

Den vorderen Halsausschnitt um ca. 6 cm tiefer einzeichnen (orientiere dich am besten am Halsausschnitt des Vorlage-Pullis). Den Halsausschnitt und die Saumlinie jeweils in gerader Linie bis zur Webkante hin verlängern.

Das Vorderteil an den gezeichneten Linien ausschneiden (Nahtzugaben sind ja schon enthalten).

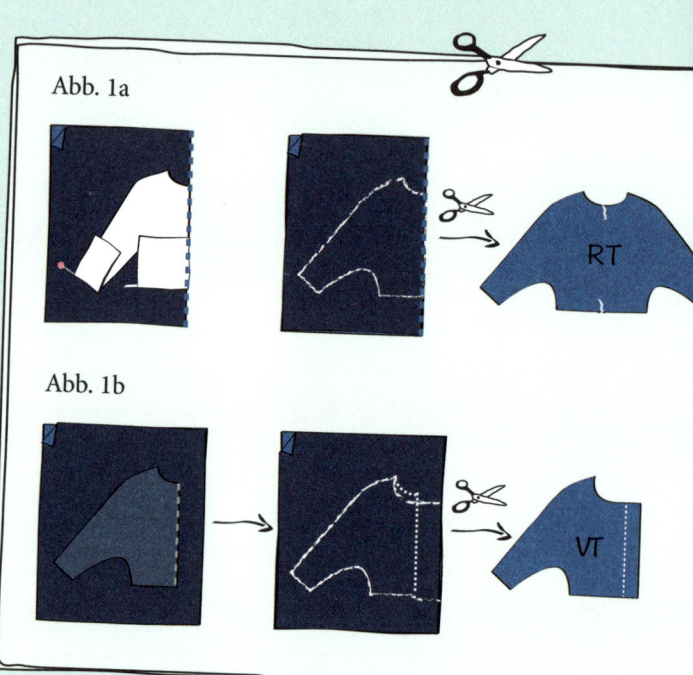

Abb. 1a

RT

Abb. 1b

VT

Fellkragen (falls gewünscht)

Schnittteile wie bei einem **Beleg** für den Halsausschnitt anfertigen. Vorder- und Rückteil an der Schulterkante aneinander kleben. Die hintere Mitte des Belegs liegt im Stoffbruch. Die Teile mit 1 cm Nahtzugabe je 1x aus Fell und Futter zuschneiden.

Nähen

Oberes Mantelteil

Abb. 2: Teile ringsum **versäubern**. Die Vorderteile rechts auf rechts auf das Rückteil legen und die Ärmelnähte stecken und steppen. Nahtzugaben bügeln.

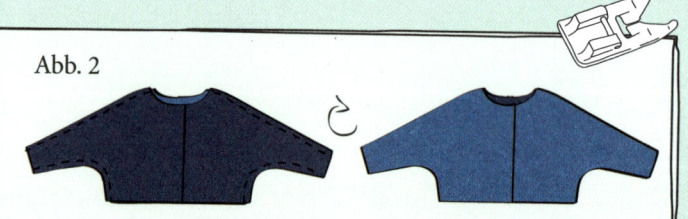

Abb. 2

Unteres Mantelteil (Rockteil)

Abb. 3: Nimm das obere Mantelteil und miss die Länge der gesamten unteren Kante von der rechten Kante an der vorderen Mitte bis zur linken Kante an der vorderen Mitte. Dies ist der Umfang des Innenkreises.

Jetzt mit der Formel für den **Kreisrock** einen Viertelkreis berechnen und (ohne Nahtzugaben) zuschneiden. Die unteren Ecken laut Abb. abrunden. Das Rockteil rechts auf rechts an

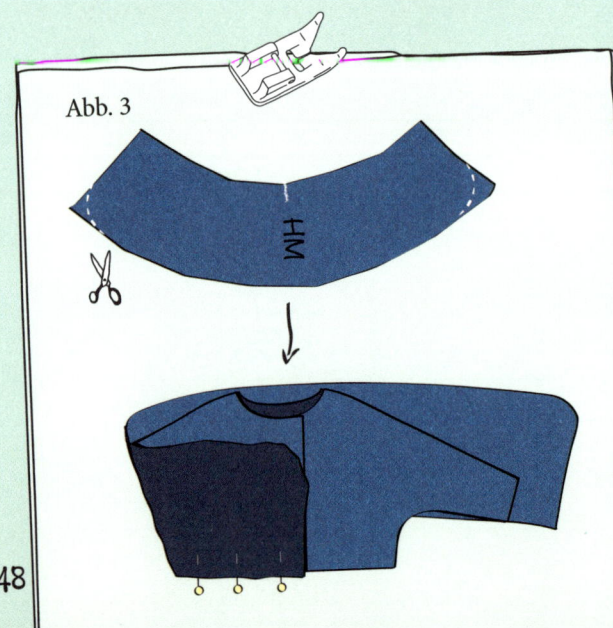

Abb. 3

HM

die untere Kante des Oberteils stecken. Dabei treffen die Teile an den vorderen Kanten sowie in der hinteren Mitte aufeinander. Steppen und Nahtzugaben auseinander bügeln.

Jetzt kannst du den Mantel anprobieren und die Passform, die Gesamtlänge, die Ärmellänge und die Weite des Halsausschnitts prüfen. Gegebenenfalls anpassen!
Die vorderen Kanten, den unteren Rand und den Halsausschnitt mit **Schrägband** einfassen. Die Ärmelränder 1 cm breit **säumen**. Lederschließen aufnähen.

Fellkragen

Fell- und Futterteil rechts auf rechts aufeinander legen. Teile an den Außenkanten ringsum zusammensteppen, dabei eine Öffnung zum Wenden lassen. Kragen wenden. Kanten flach drücken oder vorsichtig dämpfen und die Öffnung mit Handstichen schließen. Den Kragen nun entweder punktuell von Hand an den Mantel nähen oder Bindebänder an die vorderen Kanten nähen und den Kragen dann lose umlegen.

Tüllrock

Messen

Der Tüllrock besteht aus drei Stufen

Oberes Rockteil: Miss deinen Hüftumfang. Diesen Wert in die **Kreisrock**-Formel für den Halbkreisrock einsetzen und den Innenradius berechnen.

r_1: _____

Überleg dir, wie lang das obere Rockteil, gemessen ab der Taille, werden soll (die Länge beim Buchmodell ist 13 cm) und berechne den Außenradius.

r_2: _____

Mittleres und unteres Rockteil: Die Breite der Stoffbahnen ist beliebig. Du kannst sie gleich oder unterschiedlich breit schneiden! (Breite beim Buchmodell: 27 cm und 20 cm)

B_1: _____

B_2: _____

Die Längen der Stoffbahnen werden später bestimmt!

Unterrock: Für den Unterrock nähst du einen Halbkreisrock. Der Innenradius entspricht dabei r_1.
Den Außenradius nach der Formel für den Halbkreisrock berechnen und ca. 4 cm abziehen.

r_3: _____

SCHNITTTEILE

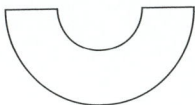

Oberes Rockteil

Mittleres Rockteil

Unteres Rockteil

Material

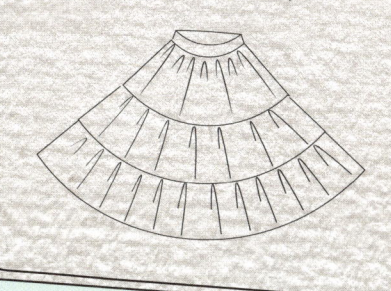

- Feintüll
- Futterstoff
- farblich passendes breites Gummiband für den Bund
- Zierbänder (z. B. Satin-, Samt- oder Ripsband)

Styling-Tipp
Tüll und Wolle lieben sich!

Anleitung

Tüllrock

Zuschneiden

Oberes Rockteil und Unterrock

Abb. 1: Aus dem Tüll einen Halbkreisrock mit r_1 und r_2 zuschneiden.

Aus dem Futterstoff einen Halbkreisrock mit r_1 und r_3 zuschneiden.

Mittleres und unteres Rockteil

Abb. 2a: Mit dem Maßband die äußere Bogenstrecke L_1 abmessen.

Abb. 2b: Um die Länge L_2 der mittleren Rockbahn zu bestimmen, multiplizierst du diesen Wert mit 1,5 oder 2 (je nachdem wie stark der Streifen gerafft werden soll). Einen Streifen (B_1 x L_2) zuschneiden.

Für die Länge L_3 der unteren Rockbahn multiplizierst du L_2 mit 1,5 bzw. 2. Einen Streifen (B_2 x L_3) zuschneiden.

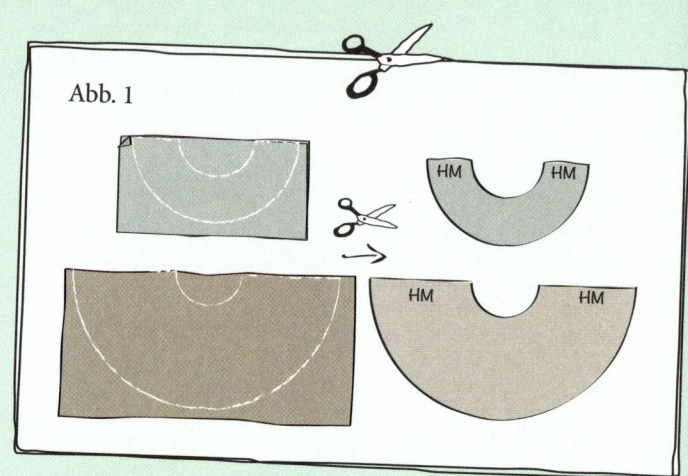

Abb. 1

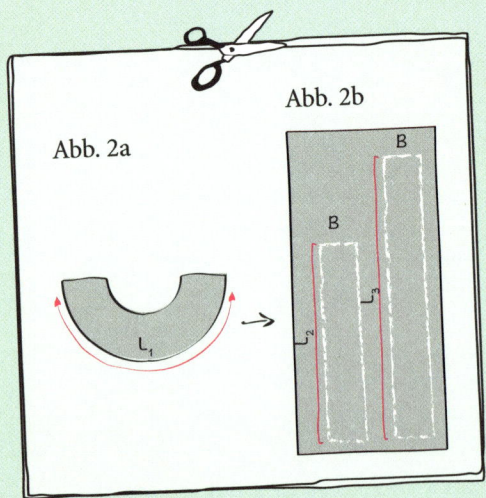

Abb. 2a
Abb. 2b

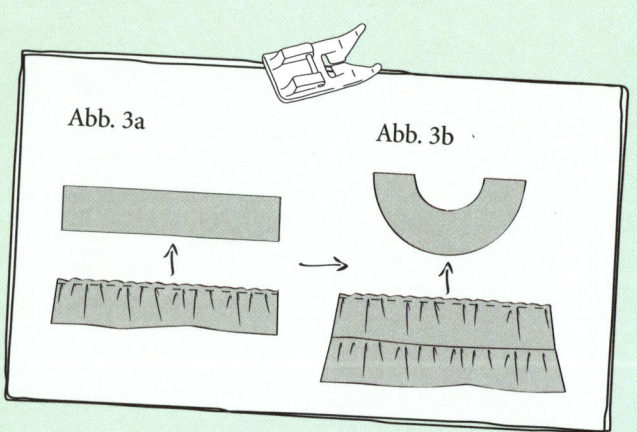

Abb. 3a
Abb. 3b

Nähen

Tüllrock

Abb. 3a: Die Länge der unteren Rockbahn auf die Länge der mittleren Rockbahn **einkräuseln**.

Abb. 3b: Die untere Rockbahn mit der gerüschten Kante rechts auf rechts auf die mittlere Rockbahn legen und feststeppen. Die Nahtzugaben auf 0,5 cm zurückschneiden und nach oben bügeln.

Jetzt den oberen Rand der mittleren Rockbahn auf die Länge L_1 des oberen Rockteils **einkräuseln** und beide Teile zusammensteppen. Nahtzugaben zurückschneiden und bügeln.

Nach Wunsch Zierbänder auf die Nähte steppen. Den Rock in der Längsmitte rechts auf rechts zur Hälfte falten und die hintere Mitte steppen. Bügeln und Rock wenden.

I LOVE CANDY AND SWEETS

Unterrock

Den Unterrock ringsherum versäubern. Die hintere Mitte steppen.
Bügeln und wenden.

Abb. 4: Den Unterrock rechts auf links in den Tüllrock stecken,
sodass die hinteren Mitten aufeinander treffen. Tüll- und Unterrock
an den oberen Kanten zusammenstecken und mit großen Stichen
steppen.
Zum Abschluss setzt du den **Gummibund** an.

Abb. 4

I ♥ LONDON

Material

Cape-Jacke
- leichter Strick- oder Jerseystoff
- Lederschließe

Tasche
- (Kunst)-Leder
- Futterstoff
- evtl. Schrägband

Tipp
Egal welche Größe …
genäht wird die Tasche stets
nach dem gleichen Prinzip!

Cape-Jacke

Messen

Als Vorlage für die Cape-Jacke dient ein locker sitzender Pulli.

VORLAGE

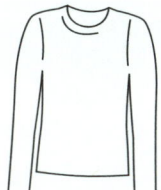

Vorderteil: Zieh den Vorlage-Pulli an und überleg dir, welche Armlänge die Jacke haben soll. Markiere diese Stelle am Ärmel mit einer Stecknadel. Setz das Maßband nun am Halsausschnitt an und miss entlang der Schulternaht bis zur Stecknadel.

B_1: _____

Um die Jackenlänge zu bestimmen, misst du von der Schulter über die Brust bis zur gewünschten Länge.

L_1: _____

SCHNITTTEILE

Rückteil: Miss die Weite des Halsausschnitts vom Vorlage-Pulli. Verdoppele die Breite B_1 und addiere die Weite des Halsausschnitts dazu.

B_2: _____

Vorderteil   Vorderteil

Die Länge entspricht der Länge L_1 des Vorderteils.

Rückteil

Ledertasche

Messen

Überleg dir zuerst, wie breit und wie hoch die fertige Tasche werden soll.

B: _____

H: _____

SCHNITTTEILE

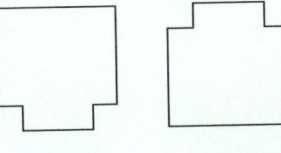

Vorderteil   Rückteil

Anleitungen

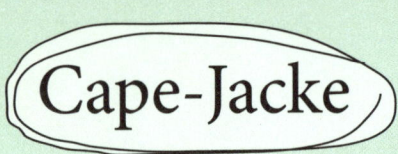

Cape-Jacke

Zuschneiden

Vorder- und Rückteil

Abb. 1: Falte den Stoff rechts auf rechts in der Mitte. Zeichne das Rechteck (B_1 x L_1) für das Vorderteil auf. Das Rechteck (B_2 x L_1) für das Rückteil am Stoffbruch aufzeichnen. Markiere vom Stoffbruch aus die Hälfte der gemessenen Weite des Halsausschnitts vom Vorlage-Pulli (minus 1 cm für die Nahtzugabe) mit einem Kreidestrich.

Rückteil und Vorderteile mit 1 cm Nahtzugabe ringsum zuschneiden. Am Rückteil die Markierung für den Halsausschnitt auf die untere Stofflage übertragen.

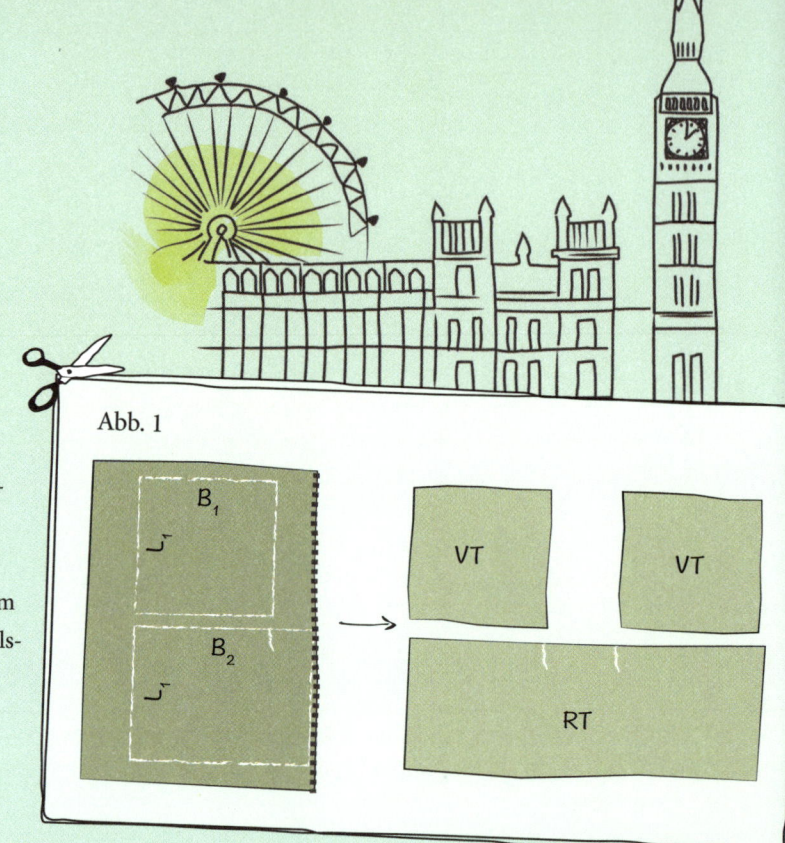

Abb. 1

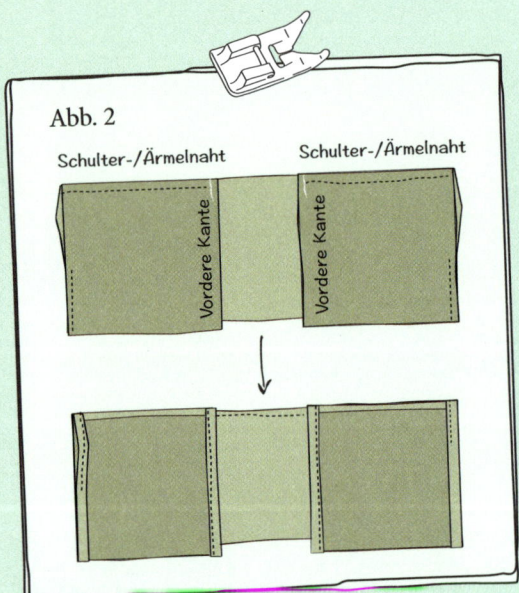

Abb. 2

Schulter-/Ärmelnaht   Schulter-/Ärmelnaht

Vordere Kante   Vordere Kante

Nähen

Vorder- und Rückteil

Abb. 2: Die Vorderteile rechts auf rechts auf das Rückteil legen und die Schulter-/Ärmelnähte bis zur Markierung für den Halsausschnitt steppen. Die Seiten zusammensteppen, dabei je eine ca. 15 cm lange Öffnung für die Arme lassen. Nahtzugaben auseinanderbügeln.

Die Nahtzugabe am hinteren Halsausschnitt, den Armöffnungen und den vorderen Kanten nach links umbügeln und feststeppen.

Jacke wenden und anziehen.

Abb. 3: Die oberen Ecken der Vorderteile locker übereinander legen. Lederschließe positionieren und aufnähen.

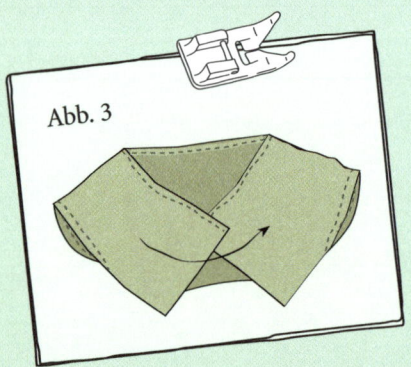

Abb. 3

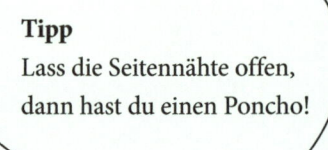

Tipp
Lass die Seitennähte offen, dann hast du einen Poncho!

Ledertasche

Zuschneiden

Abb. 1: Zeichne zwei Rechtecke (B x H) auf das Leder. An den unteren Ecken je ein 10 x 10 cm großes Quadrat einzeichnen (für den Taschenboden). Ringsherum mit 1 cm Nahtzugabe zuschneiden. Aus dem Futterstoff zwei identische Teile zuschneiden.

Für die Träger zwei 9 cm breite (B) und ca. 65 cm lange (L) Streifen aus Leder zuschneiden (die fertige Breite eines Trägers beträgt 4 cm). **Tipp:** Anstelle der Träger kannst du auch Ösen einstanzen und daran später eine Kette oder ein Lederband befestigen.

Die Größe der aufgesetzten Vorder-Tasche ist beliebig (hier 16 cm x 16 cm), ohne Nahtzugabe zuschneiden.

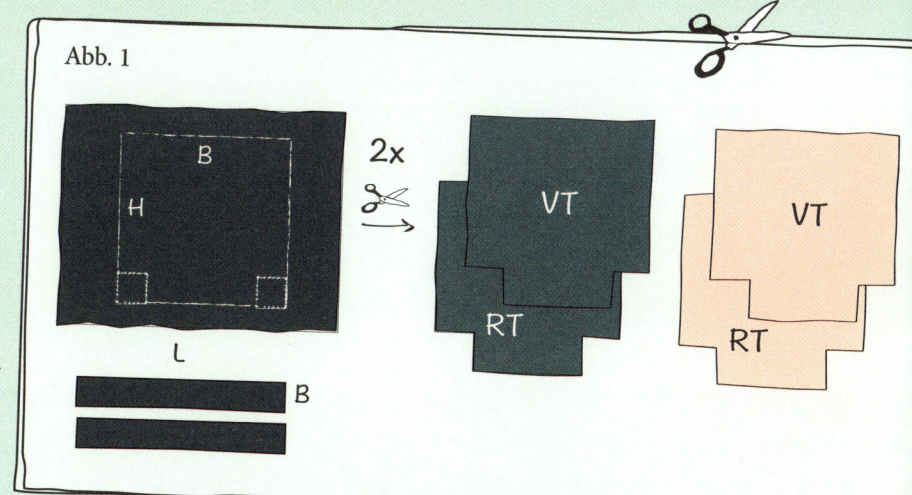

Abb. 1

2x

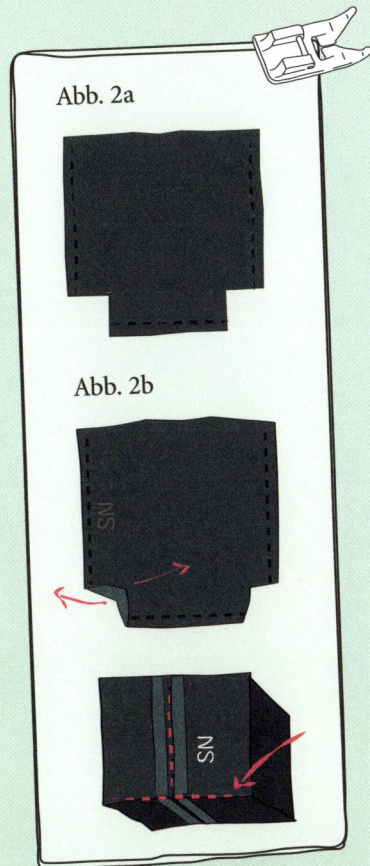

Abb. 2a

Abb. 2b

Nähen

Vorder-Tasche

Leg die Vorder-Tasche wunschgemäß auf das Leder-Vorderteil (hier mittig, ca. 17 cm vom unteren Rand entfernt) und stepp sie **knappkantig** fest.

Tipp: (Kunst)-Leder lässt sich manchmal nicht leicht absteppen, da der Nähfuß am Material „kleben" bleibt. Ein transparenter Klebestreifen kann hier helfen! Kleb die Nahtlinie vor dem Nähen damit ab und näh dann „normal" drüber. Der Klebestreifen lässt sich nachher mühelos entfernen!

Träger

Falte die Lederstreifen jeweils der Länge nach in der Mitte, sodass die schöne Lederseite nach außen zeigt. Die Bruchkante sowie die offenen Längskanten 5 mm breit **absteppen**. Beide Kanten bis auf ca. 2 mm vor die Naht zurückschneiden. Die Träger-Schmalseiten evtl. begradigen.

Jetzt die Träger auf der Tasche positionieren. Beim Buchmodell beträgt der Abstand zu den Seiten ca. 13 cm, zum oberen Taschenrand ca. 9 cm. Stepp jeweils die Träger-Schmalseite zunächst rundum knappkantig mit einem kleinen Rechteck (4 x 5 cm) fest. Dann zusätzlich die Diagonalen innerhalb des Rechtecks überkreuz absteppen.

Falls du möchtest, näh nun noch weitere Verzierungen auf die Taschenteile.

Abb. 2a: Vorder- und Rückteil rechts auf rechts aufeinander legen. Seitennähte und Bodennaht steppen. Nahtzugaben auseinander bügeln.

Abb. 2b: Für eine Bodenecke nimmst du jeweils die beiden Ecken der Quadratausschnitte und ziehst sie auseinander, bis Seiten- und Bodennaht rechts auf rechts aufeinander liegen. Schließ die offene Kante. Auf der anderen Seite wiederholen. Tasche wenden und Boden-Ecken herausdrücken.

Die Futter-Tasche identisch verarbeiten, jedoch nicht wenden. Futter-Tasche links auf links in die Tasche stülpen und die oberen Kanten aufeinander stecken. Die obere Kante rundum mit **Schrägband** versäubern. Jetzt die Kante ca. 2 cm nach innen umschlagen und feststeppen.

Perfekt dazu!
Der Bolero basiert auf der
Cape-Jacke von Seite 54–57.
Die Rechtecke entsprechend
kleiner zuschneiden. An
die Ausschnittkante einen in
Falten gelegten Volant- oder
eine Rüsche nähen.

Kleid

Messen

Als Vorlage für das Kleid dient ein ärmelloses Top. Zieh das Top an und miss wie lang dein Kleid werden soll, indem du das Maßband am Saum des Tops ansetzt und es bis zur gewünschten Länge herunterhängen lässt.

L: _____

Ärmel: Für den Ärmel wird ein Volant aus einem kompletten Kreisring benötigt. Um den Innenradius des Kreises zu bestimmen, misst du den Umfang des Armausschnitts vom Vorlage-Top. Setz diesen Wert in die **Kreisrockformel** ein.

r_1: _____

Überleg dir, wie breit der Ärmel-Volant werden soll. Notier den Wert und berechne den Außenradius.

r_2: _____

VORLAGE

SCHNITTTEILE

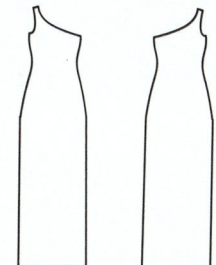

Vorderteil   Rückteil

Ärmelvolant

Material

- etwas festerer (bi)elastischer Stoff (z. B. Interlock-Jersey, Romanit-Jersey oder Scuba = neoprenartiger Stoff)
- elastischer Futterstoff für den Ausschnittbeleg

Anleitung

Kleid

Zuschneiden

Vorder- und Rückteil

Abb. 1a: Den Stoff rechts auf rechts in der Mitte falten. Das Top an der oberen Stoffkante auflegen. Die Entfernung zur unteren Stoffkante ist gleich L. Klapp einen Träger wie abgebildet nach unten. Das Top mit Stecknadeln auf den Stoff stecken, damit es nicht verrutscht.

Abb. 1b: Jetzt die Konturen des Tops mit Kreide auf den Stoff übertragen. Den Ausschnitt evtl. etwas korrigieren, damit du eine schöne Rundung erhältst. Die Seiten jeweils in gerader Linie um der Wert L verlängern und am unteren Rand waagerecht verbinden. Mit 1 cm Nahtzugabe ringsum zuschneiden.

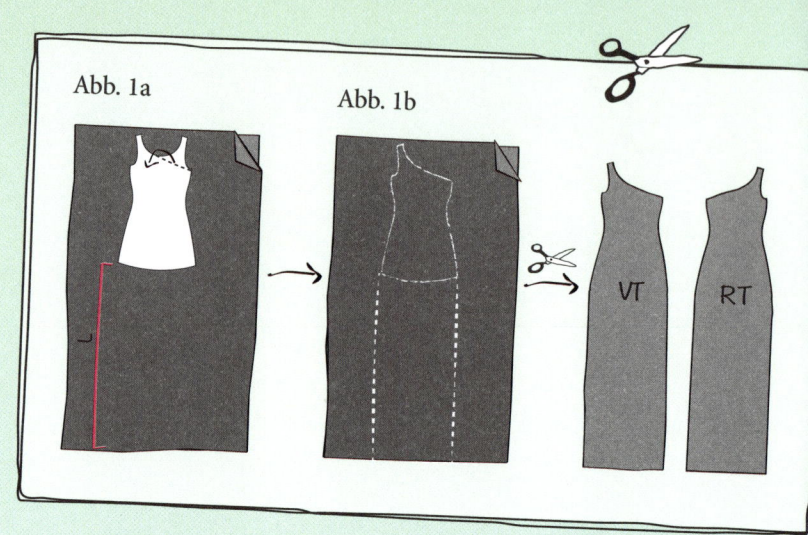

Abb. 1a   Abb. 1b   VT   RT

Beleg

Abb. 2: Ein **Belegteil** anfertigen und zweimal aus dem Futterstoff zuschneiden (= für Vorder- und Rückteil).

Ärmelvolant

Abb. 3: Zeichne einen Ring mit r_1 und r_2 auf die linke Stoffseite. Zuschneiden.

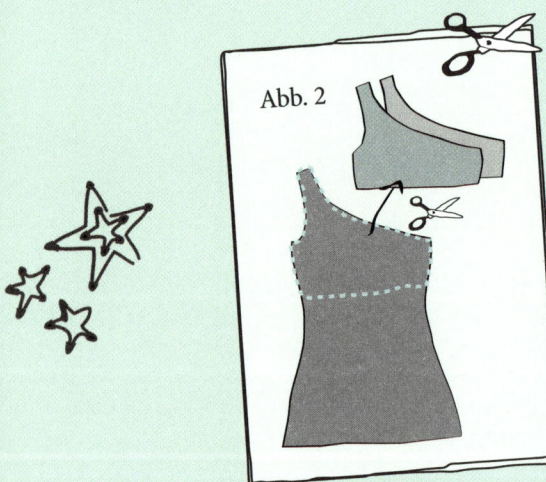

Abb. 2

Nähen

Kleid

Abb. 4: Leg das vordere und das rückwärtige Schnittteil rechts auf rechts aufeinander. Die Seitennähte sowie die Schulternaht stecken und mit **Stretchstichen** steppen. Nahtzugaben auseinander bügeln.

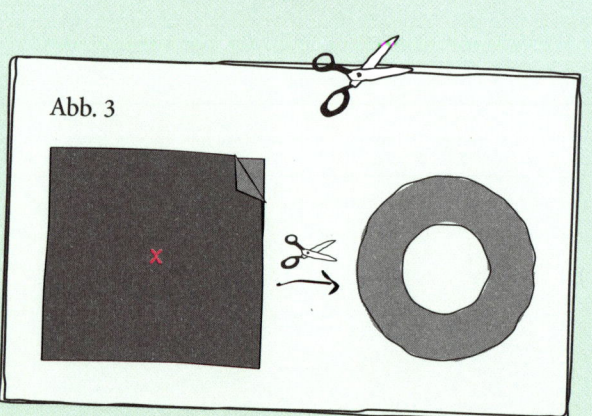

Abb. 3

Abb. 4

Beleg

Abb. 5: Untere Belegkanten versäubern. Belegteile wie das Kleid zusammensteppen. Beleg rechts auf rechts an das Kleid stecken, sodass Schulternähte und Seitennähte aufeinander treffen. Ausschnittkante steppen. Die Nahtzugaben mehrmals bis kurz vor die Naht einknipsen, damit sich der Ausschnitt schön legt. Beleg nach innen wenden. Ausschnittkante bügeln.

Abb. 5

Ärmel

Abb. 6: Den Volant rechts auf rechts an den Armausschnitt des Oberstoffs stecken (den Beleg nicht mitfassen!) und steppen. Nahtzugaben in das Kleid bügeln. Die Nahtzugaben an der Armausschnittkante des Belegs nach links einschlagen und mit unsichtbaren Handstichen an den Armausschnitt des Oberstoffs nähen.

Kleid mit Stretchstichen oder mit Blindstichen von Hand **säumen**.

Abb. 6

Variations-Tipp
Spiel mit dem Look!
Der Wasserfallausschnitt
kann vorne oder hinten
getragen werden!

Wickeltop

Messen

Als Vorlage eignet sich ein locker sitzendes T-Shirt bzw. ein Männer-T-Shirt! Probier es an und schau, ob es von der Weite und der Länge her geeignet ist.

VORLAGE   SCHNITTTEILE

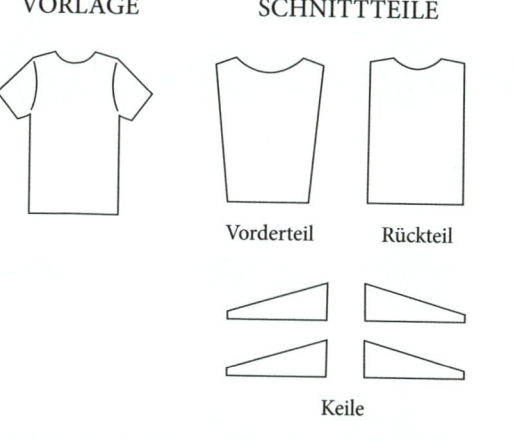

Vorderteil   Rückteil

Keile

Material

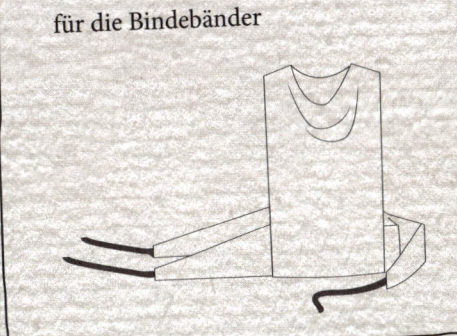

· leichter Baumwollstoff
· farblich passendes (Satin-)Band für die Bindebänder

Zuschneiden

Rückteil

Abb. 1: Den Stoff rechts auf rechts in der Mitte falten. Das Shirt der Länge nach in der hinteren Mitte falten und an den Stoffbruch legen. Den hinteren Halsausschnitt und die Saumkante nachzeichnen. Die Seitenkante vom Saum bis zur Schulter geradlinig durchzeichnen. Mit 1 cm Nahtzugabe zuschneiden.

Abb. 1

RT

Vorderteil

Abb. 2: Das zugeschnittene gefaltete Rückteil an den Stoffbruch legen. Jetzt drehst du das Rückteil laut Abb. um den markierten Mittelpunkt am Saum ca. 5 cm weit auf = von der Stoffbruchkante nach links weg. (Je weiter du aufdrehst, umso tiefer fällt der Wasserfallausschnitt später!) Übertrag die Konturen mit Kreide auf den Stoff. Begradige den Saum, sodass die Linie im rechten Winkel zum Stoffbruch liegt. Den Ausschnitt bis zum Stoffbruch verlängern, sodass die Linie dort ebenfalls rechtwinklig liegt. Das Vorderteil ohne weitere Nahtzugabe ausschneiden.

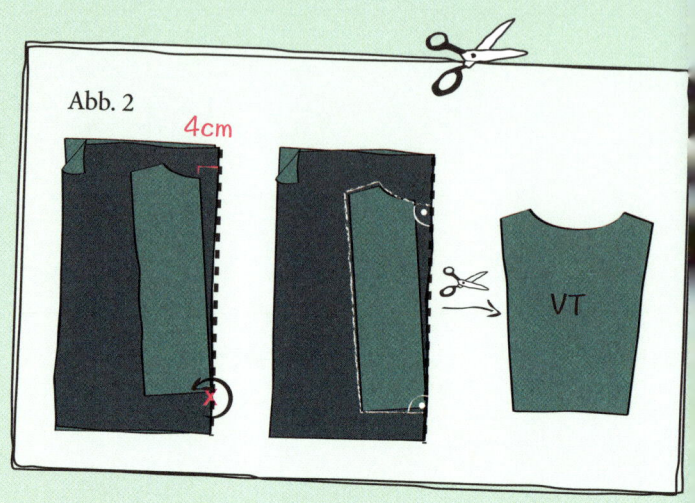

Abb. 2

4cm

VT

Keile

Abb. 3: Schneid die Keile wie abgebildet zweimal aus dem doppelt liegenden Stoff zu. Die Höhe des Keils ist beliebig (hier H_1 = ca. 30 cm, H_2 = ca. 2 cm). Die Breite (B) entspricht etwa der Saumbreite des Vorder- bzw. Rückteils.

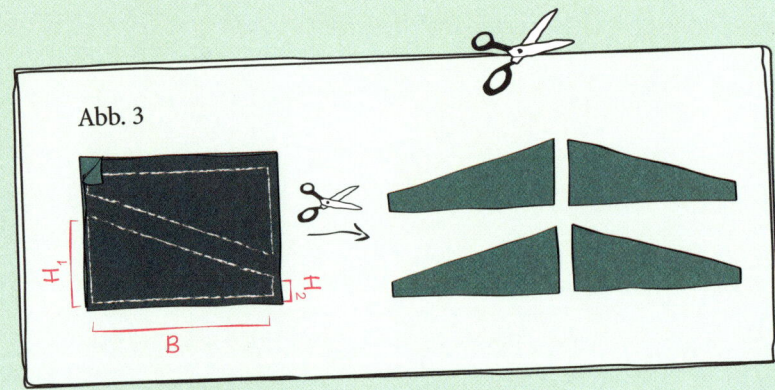

Abb. 3

H_1 H_2 B

Nähen

Vorder- und Rückteil

Alle Teile ringsum versäubern.

Abb. 4: Vorder- und Rückteil rechts auf rechts aufeinander legen, die Schulternähte stecken und steppen. Nahtzugaben auseinander bügeln. Die vordere und hintere Ausschnittkante knapp nach links umschlagen und feststeppen.

Abb. 4

Keile

Alle Teile ringsum versäubern.

An den Keilen jeweils die Nahtzugabe der schrägen Kanten nach links umbügeln und feststeppen.

Abb. 5a: Keile mit der breiten Schmalseite rechts auf rechts, kantenbündig mit dem unteren Rand an die seitlichen Ränder des Oberteils stecken und steppen.

Abb. 5b: Nahtzugaben der Keil-Nähte sowie fortlaufend die Nahtzugaben der seitlichen Ränder des Oberteils nach innen (= Richtung Oberteil) bügeln und feststeppen.

Abb. 5c: Die unteren Kanten je 1 cm breit nach links **säumen**. Bindeband vierteln. Schmalseiten der Keile nach links säumen, dabei je ein Stück Bindeband mitfassen.

Abb. 5a   Abb. 5b 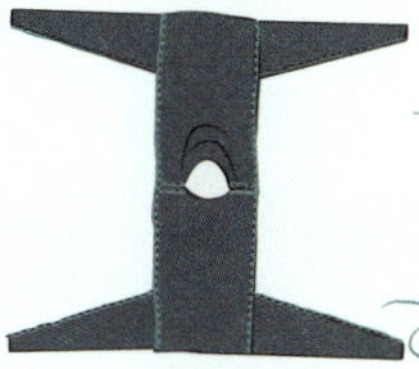   Abb. 5c

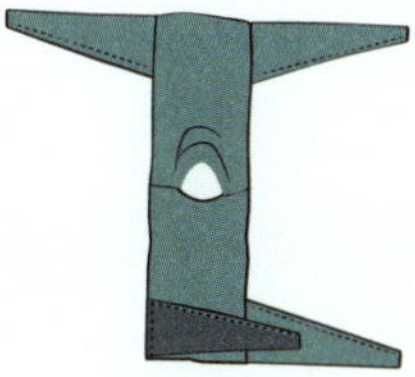

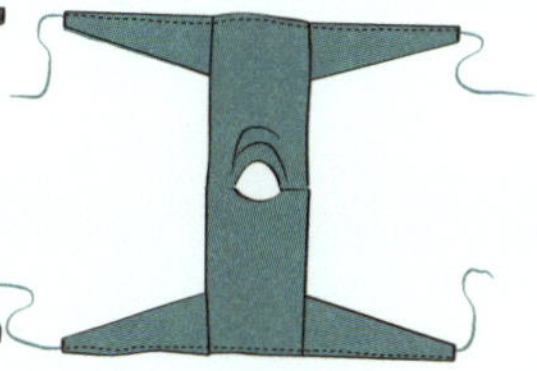

SHOP

Tipp
Trag den gewendeten Rock als Kleid!

Material

Top
· sehr leichter, fließender Stoff (z. B. Satin)

Rock
· sehr leichter, fließender Stoff (z. B. Satin)
· Feintüll für den Unterrock
· Gummiband (2 cm breit)

Top

Messen

Das Top besteht aus einem rechtwinkligen Dreieck, seitlichen Bindebändern und Halsträgern. Zur Bestimmung der Dreieck-Größe geh wie folgt vor: Stell dich mit dem Stoff vor den Spiegel. Nimm eine rechtwinklige Stoffecke mit der Spitze nach oben. Halt das Dreieck an zwei symmetrisch gegenüberliegenden Punkten, etwas oberhalb der Achsel an dich und lass die rechwinklige Ecke des Dreiecks nach hinten umklappen, sodass sich ein Wasserfallausschnitt bildet. Je größer der Abstand der Haltepunkte zur Dreieckspitze ist, desto weiter und tiefer wird der Ausschnitt. Wenn dir der Ausschnitt gefällt, markiere diese seitlichen Haltepunkte mit Stecknadeln. Hier setzen später die Halsträger an. Leg die Top-Länge fest (etwa in Hüftknochenhöhe) und steck auch dort eine Stecknadel.

SCHNITTTEILE

Bindebänder

Top

Träger

Wende-Rock

Messen

Oberstoff-Rock: Der Rock ist einen Halbkreisrock mit 2 Seitennähten. Miss deinen Hüftumfang und addiere ca. 20 cm = U.

U: _____

Setz diesen Wert in die **Kreisrockformel** ein und berechne den Innenradius r_1 sowie den Außenradius r_2.

r_1: _____

r_2: _____

Tüll-Rock: Der Tüll-Unterrock wird wie der Oberstoff-Rock berechnet, jedoch einige Zentimeter länger.

Bund: Die Bundbreite entspricht dem Hüftumfang U.

B: _____

Leg die fertige Höhe fest (hier z. B. 2,5 cm).

H: _____

SCHNITTTEILE

Vorderteil

Rückteil

Bund

Anleitungen →

Top

Zuschneiden

Abb. 1: Falte den Stoff rechts auf rechts in der Mitte. Zeichne an der Stecknadel für die Toplänge eine Linie im 45°-Winkel zur Webkante auf, sodass ein rechtwinkliges Dreieck entsteht. Diese Linie ist der untere Top-Rand.

Parallel zu dieser Linie werden jetzt die beiden Streifen für die Bindebänder aufgezeichnet. Die Höhe der Bindebänder ist beliebig, hier beträgt sie ca. 17 cm. Die Streifen vorerst möglichst lang (mindestens 1,50 m) lassen und zum Schluss kürzen. Wenn du nicht genügend Stoff hast, kannst du auch mehrere kurze Streifen schneiden und diese wie ein **Schrägband** zusammensetzen.

Zeichne für die Träger einen langen Streifen von ca. 2 cm Breite auf. Die fertige Breite des Trägers beträgt zum Schluss 0,5 cm. Alle Teile ohne Nahtzugabe zuschneiden.

Du hast jetzt die Schnittteile für zwei identische Tops = Außenseite und Futter.

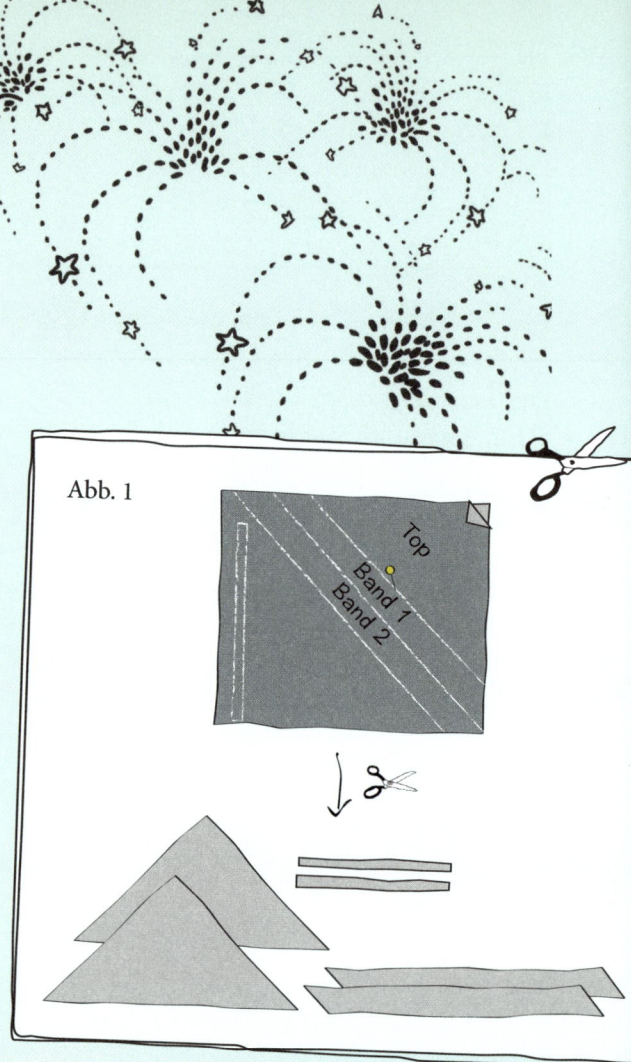

Abb. 1

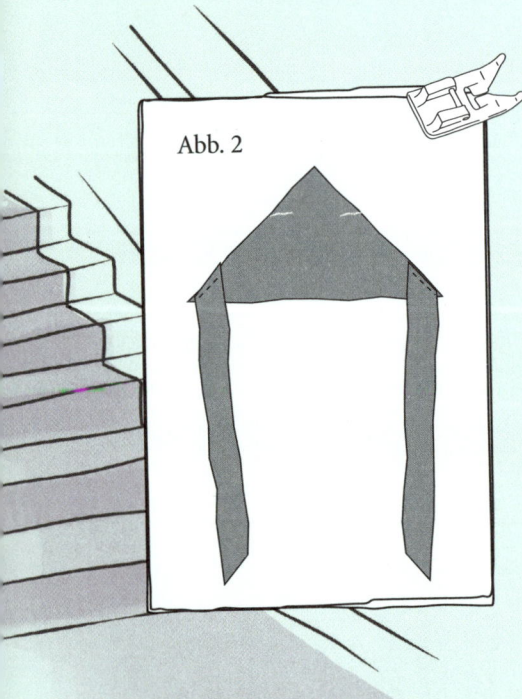

Abb. 2

Nähen

Abb. 2: Je ein Bindeband rechts auf rechts an die unteren seitlichen Spitzen eines Dreiecks nähen. Nahtzugaben in das Dreieck bügeln. Diesen Vorgang beim 2. Dreieck wiederholen.

Träger

Die Streifen wie ein **Schrägband** einbügeln und die langen Kanten **knappkantig** zusammensteppen.

Abb. 3a: Die Träger an einem der beiden Topteile rechts auf rechts an die Markierung stecken. (Am besten das Top jetzt noch einmal anprobieren und die Passform prüfen!)

Abb. 3b: Beide Tops rechts auf rechts aufeinander legen und die Kanten rundum stecken. Die Teile zusammennähen, dabei die Bandenden offen lassen und außerdem eine Öffnung zum Wenden am unteren Toprand lassen. Top, und auch die Bindebänder links auf links wenden. Kanten bügeln. Wendeöffnung von Hand schließen.

Abb. 3c: Top anlegen, die Spitze des Dreiecks nach hinten klappen und die Träger im Nacken binden. Es bildet sich der Wasserfallausschnitt.

Die Bindebänder um die Taille wickeln, verknoten und die Enden auf die passende Länge kürzen. Nahtzugaben der offene Kanten nach innen bügeln und die Öffnungen von Hand zunähen.

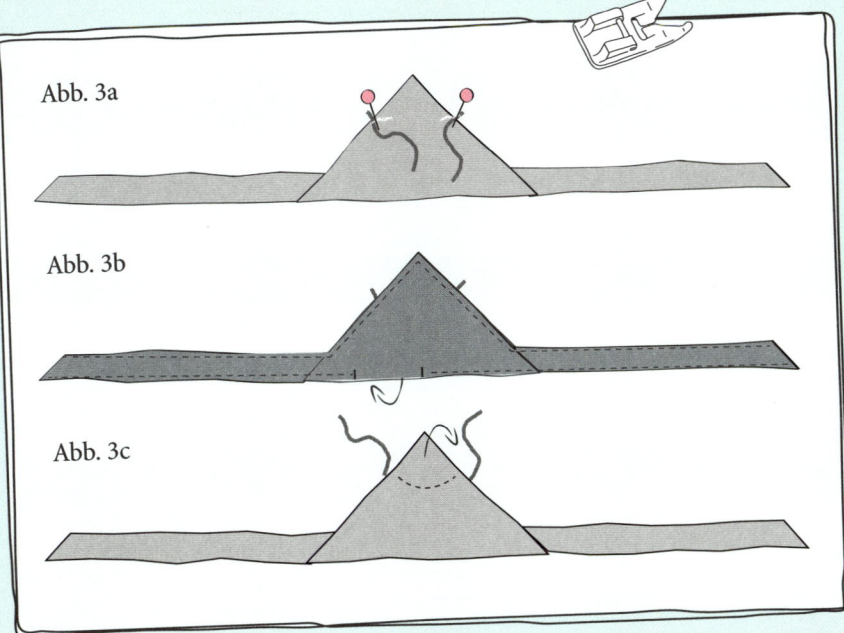

Abb. 3a

Abb. 3b

Abb. 3c

Wende-Rock

Zuschneiden

Oberstoff- und Tüll-Rock

Abb. 1: Mit den ermittelten Maßen r_1 und r_2 jeweils die Teile für einen Halbkreisrock mit zwei Seitennähten aus Tüll- und Oberstoff zuschneiden.

Bund

Zeichne einen Streifen (B x H) für den **Bund** auf den Oberstoff, siehe Grundtechniken. Mit 1 cm Nahtzugabe ringsum zuschneiden.

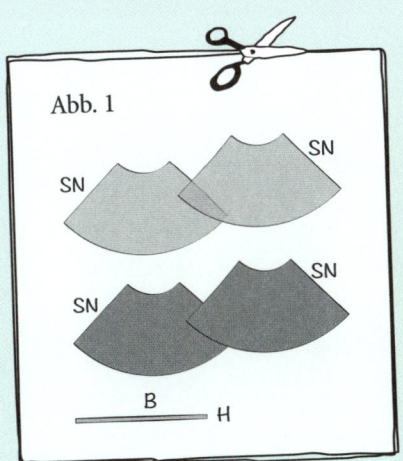

Abb. 1

SN
SN
SN
SN
B — H

Nähen

Oberstoff-Rock

Die Rockteile rechts auf rechts aufeinander legen und die Seiten mit einer **französischen Naht** schließen. Dadurch sind die Nähte schön sauber und du kannst den Rock von beiden Seiten tragen!

Tüll-Rock

Wie den Oberstoff-Rock nähen.

Abb. 2: Röcke ineinander stecken, sodass die französische Naht vom Tüll-Rock nach außen, und die des Oberstoff-Rocks nach innen zeigt. Teile am Taillenrand zusammennähen. Nahtzugaben zurückschneiden.

Den **Bund** vorbereiten und an den Taillenrand nähen. Auf der Innenseite eine kleine Öffnung für das Gummiband lassen! Mit Hilfe einer Sicherheitsnadel das Gummiband einziehen und auf Taillenweite anpassen.

Abb. 2

Rom

London

ROMA
firenze
VENEZIA
SCANA
SARDINI

Liebes Tagebuch,

in London waren die Nächte lang
und die Tage viel zu kurz!
Eine unglaublich stylische Stadt ...
Jetzt brauche ich erst mal Erholung
in Bella Italia!

Sonne, Meer, Eis ...
Ich kann es kaum erwarten!

mmm...

Rom

71

Variations-Tipp

Das Kleid lässt sich zum Rock umfunktionieren: Dafür das zusammengenähte Oberteil (ohne Gummi) einfach der Länge nach in der Mitte falten und in doppelter Stofflage als breiten Bund an das Rockteil setzen.

ROMA

firenze

VENEZIA

TOSCANA

SARDINI

Material

Kleid

· Jerseystoff für das Kleid
· Jerseystoff für Gürtel und Träger
· breites Gummiband (ca. 2 cm)
· schmales Gummiband (ca. 0,7 cm)

Leder-Clutch

· (Kunst)Leder (evtl. zwei Farben)
· Reißverschluss (in Taschenbreite)
· Lederkleber

50ies Kleid

VORLAGE

SCHNITTTEILE

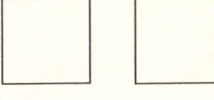

Vorderteil   Rückteil

Messen

Top: Als Vorlage dient ein gut anliegendes Tank-Top.
Zieh das Tank-Top an und markier mit einer Stecknadel die Position
deiner Taille.

Rockteil: Der Rock ist ein Vollkreisrock ohne Seitennähte. (Wenn du nicht genügend
Stoff hast, schneid den Kreisrock aus 2 Teilen zu und näh ihn zusammen.)
Leg das Top vor dich hin und miss die Breite an der markierten Taille. Verdopple
diesen Wert, so erhältst du den Umfang U. Diesen Wert in die **Kreisrockformel**
einsetzten und den Innenradius r_1 bestimmen:

r_1: _____

Miss deine Wunschlänge von der Taille aus und errechne den Außenradius r_2.

r_2: _____

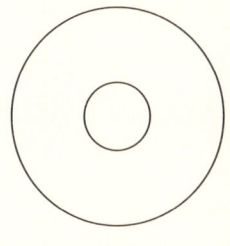

Rock

Leder-Clutch

Messen

Überleg dir zuerst, wie breit und wie hoch die fertige
Tasche werden soll.

B: _____

H: _____

(Wenn die Clutch zweifarbig werden soll, die Höhe
entsprechend einteilen.)

SCHNITTTEILE

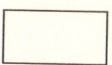

Vorderteil

Rückteil

Anleitungen

50ies Kleid

Zuschneiden

Top-Vorderteil

Abb. 1: Den Stoff rechts auf rechts in der Mitte falten. Das Tank-Top der Länge nach falten und an den Stoffbruch legen. Die Entfernung von der Stecknadelmarkierung bis zur unteren Stoffkante beträgt 1 cm. Den oberen Teil des Tops bis zum Ärmelausschnitt nach unten falten. Zeichne die Top-Konturen nach. Achte dabei darauf, dass die Ecken rechtwinklig sind! Mit 1 cm Nahtzugabe ausschneiden.

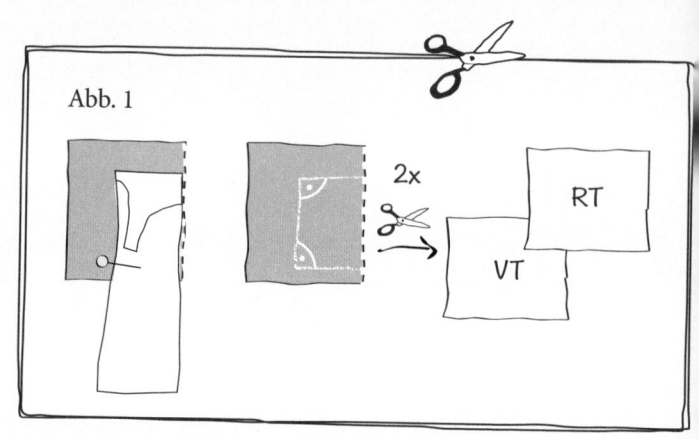

Abb. 1

Top-Rückteil

Wie das Vorderteil zuschneiden.

Tipp: Wenn der Jersey sehr dünn ist, nochmals zwei gleiche Teile zuschneiden. Hefte dann je zwei Teile kantenbündig aufeinander und verarbeite sie als gedoppelte Lage.

Rock

Abb. 2: Mit dem errechneten Innenradius r_1 und dem Außenradius r_2 einen Ring auf den ausgebreiteten Stoff zeichnen. Mit 1 cm Nahtzugabe zuschneiden.

Abb. 2

Nähen

Kleid

Näh das Top entsprechend der Anleitung zum Wickeltop auf Seite 38, Schritte 3a und 3b.

Gummi-Raffung

Abb. 3: Markier nun die vordere Mitte des Oberteils auf der linken Stoffseite mit Kreidestrichen. Nimm das schmale Gummiband und setz es auf der linken Stoffseite unterhalb des breiten Gummibandes mittig an. Fixier den Gummibandanfang mit einigen Vor- und Rückstichen. Jetzt nähst du das Gummiband unter Dehnung soweit entlang der vorderen Mitte auf, bis die entstehende Raffung die gewünschte Länge erreicht hat (ca. 6 cm). Das Ende wieder mit Rückstichen sichern und das Gummiband abschneiden.

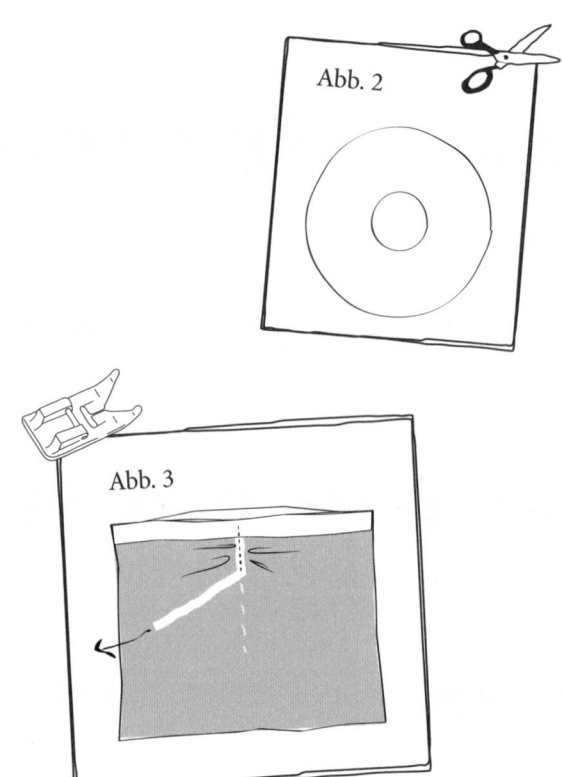

Abb. 3

Das Top rechts auf rechts an die Taillenkante des Rockteils stecken. Teile mit **Stretchstichen** zusammennähen. Nahtzugaben nach unten bügeln und Kleid wenden. Den Rock mit Stretchstichen sehr knapp **säumen**.

Gürtel, Träger und Schleife

Zieh das Kleid an und überleg dir, wie breit der fertige Gürtel werden soll. Verdopple diesen Wert und addiere 2 cm Nahtzugabe = B. Nun für Gürtel, Träger und Schleife zunächst einen langen Streifen (ca. 2x TU) in der gewünschten Breite B im **Längsfadenlauf** zuschneiden. (Der Streifen wird später geteilt)

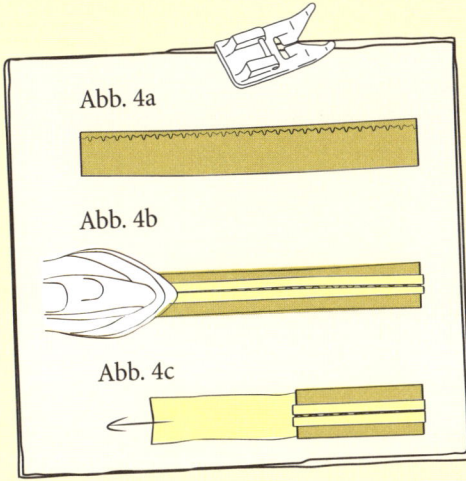

Leder-Clutch

Zuschneiden

Vorder- und Rückseite

Zwei Rechtecke (B x H) bzw. die entsprechenden Streifen für die zweifarbige Clutch aufzeichnen. Teile mit 1 cm Nahtzugabe ausschneiden.

Nähen

Beachte den Tipp zum Ledernähen auf Seite 57!

Näh gegebenenfalls zunächst die Teile für Vorder- bzw. Rückseite rechts auf rechts zusammen. Nahtzugaben auseinander drücken und von rechts **knappkantig absteppen**.

Abb. 1: Die Vorderseite rechts auf rechts an eine Seite des Reißverschlusses nähen. Naht flach drücken und von rechts knappkantig absteppen. Die Rückseite genauso an die gegenüberliegende Seite des Reisverschlusses nähen.
Öffne nun den Reißverschluss.
Abb. 2: Leg die Lederteile rechts auf rechts aufeinander und stepp die offenen Kanten zusammen. Dabei die Reißverschlussenden mitfassen. Nahtzugaben an den Ecken schräg abschneiden. Clutch wenden und die Ecken mit einer Schere herausdrücken.
Nach Wunsch Motive aus Leder schneiden und mit Lederkleber aufkleben.

Abb. 4a: Den Streifen rechts auf rechts der Länge nach falten. Die offene Längskante mit **Stretchstichen** zusammensteppen.
Abb. 4b: Die Naht soll nach dem Wenden auf der Streifenrückseite liegen. Daher leg den Streifen nun rechts auf rechts flach, sodass die Naht in der Längsmitte liegt. Bügle die Nahtzugaben vorsichtig auseinander.
Abb. 4c: Streifen wenden und flach bügeln, auch hier darauf achten, dass die Naht in der Längsmitte liegt. Gegebenenfalls die Naht noch etwas „verrutschen".
Zieh nun das Kleid an, leg den Streifen bequem um deine Taille und schneid das entsprechende Stück für den Gürtel ab. Steck den Gürtel rundum an das Kleid. Die Gürtelenden stoßen in der vorderen Mitte aneinander.
Für den Träger das übrige Band an den vorderen Ausschnitt-Rand heften und ein passendes Stück abschneiden. Kleid wieder ausziehen. Den Gürtel an beiden Längskanten jeweils knappkantig mit Zickzackstichen an das Kleid nähen. Restliches Band zur Schleife formen und von Hand aufnähen. Träger feststeppen.

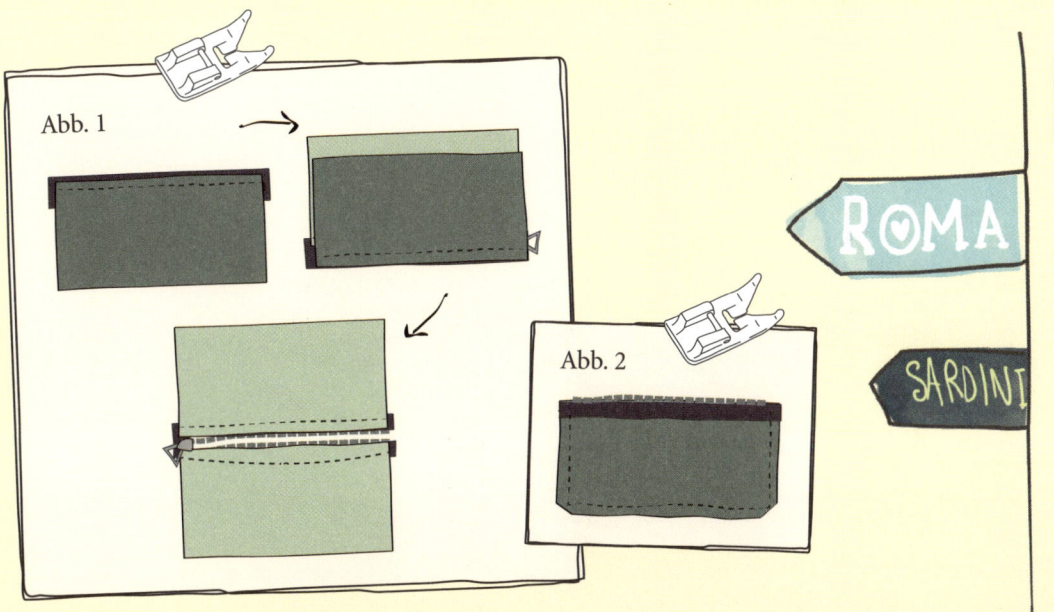

Material

- (Bi)Stretchstoff, z. B.
  Stoff für Bademode
- Bindeband

Bella

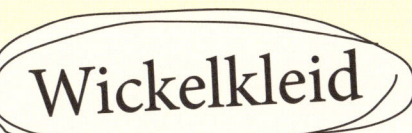

Wickelkleid

Messen

Als Vorlage dient ein gut anliegendes Tank-Top.
Dieses Modell wird am Körper modelliert. Du brauchst
dir lediglich zu überlegen, wie lang dein Kleid werden soll.
Miss dazu von der Schulter bis zur Wunschlänge.

L_1: _____

Für die Armöffnung den Umfang des Armlochs am
Vorlage-Top ausmessen und durch 2 teilen.

L_2: _____

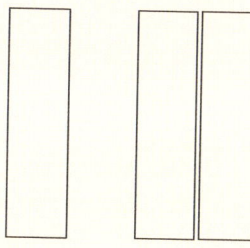

VORLAGE   SCHNITTTEILE

Rückteil   Vorderteil

Zuschneiden

Rückteil

Abb. 1a: Falte den Stoff rechts auf rechts
in der Mitte. Leg das gefaltete Vorlage-Top
im Abstand von ca. 10 cm zur oberen
Stoffkante an den Stoffbruch. Markier die
breiteste Stelle des Tops (Hüfthöhe) und
zeichne eine senkrechte Linie parallel zum
Stoffbruch auf. Die obere Schulterkante
und die Taillenhöhe des Tops markieren
sowie die Länge L_1 einzeichnen. Den unteren Rand rechtwinklig bis zur Stoffkante
zeichnen.

Abb. 1b: Die Strecke L_2 von der Schulter-
markierung aus nach unten abmessen und
mit einem Kreidestrich markieren. Für die
Bindebandöffnung von der Taillenmarkie-
rung ca. 1 cm (je nachdem wie breit dein
Bindeband ist) nach unten messen = L_3.

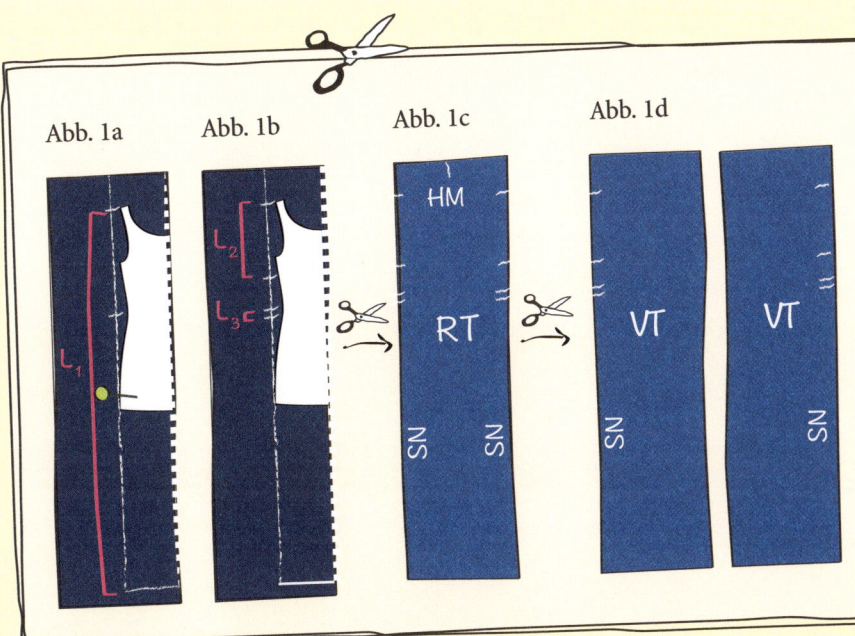

Abb. 1a   Abb. 1b   Abb. 1c   Abb. 1d

Abb. 1c: Das Rechteck mit 1 cm Nahtzugabe zuschneiden. An den markierten
Stellen kleine (!) Knipse in die Nahtzugaben schneiden und so die Markierungen
auf die andere Seite des Rechtecks übertragen.

Vorderteile

Abb. 1d: In offener Stofflage zwei identische Rechtecke (inklusive aller Markierungen) wie das Rückteil zuschneiden.

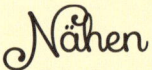

Nähen

Vorder- und Rückteil

Abb. 2: Vorder- und Rückteil rechts auf rechts aufeinander legen und die Seitennähte mit **Stretchstichen** steppen. Dabei die Abschnitte zwischen den Markierungen für die Armöffnungen und das Bindeband offen lassen.

Nahtzugaben auseinander bügeln. Die Nahtzugabe der Arm- und Bandschlitze umbügeln und feststeppen.

Anprobieren und modellieren

Abb. 3a: Zieh das Kleid vor dem Spiegel an. Am linken Vorderteil die offene Kante etwa in Brusthöhe an einem Punkt anfassen und diese Stelle zur Taille der gegenüberliegenden Körperseite spannen, sodass die obere Ecke des Rechtecks nach innen klappt.

Abb. 3b: Jetzt raffst du die Länge des Vorderteils soweit an diesem Punkt zusammen, bis der Kleidsaum gerade verläuft und das Kleid gut sitzt. Steck die Raffung provisorisch an ein Stück Band um sie zu fixieren.

Abb. 3c: Diesen Vorgang mit dem anderen Vorderteil wiederholen. Die Schultern an den Nähten evtl. mit einem Band zusammenraffen.

Jetzt jeweils das provisorische Band abnehmen, dabei die angesteckten Falten gut zusammenhalten und mit einigen Stichen heften. Bindeband halbieren. Je ein Bindeband mit einer Schmalseite rechts auf rechts mittig auf die Falten legen und feststeppen.

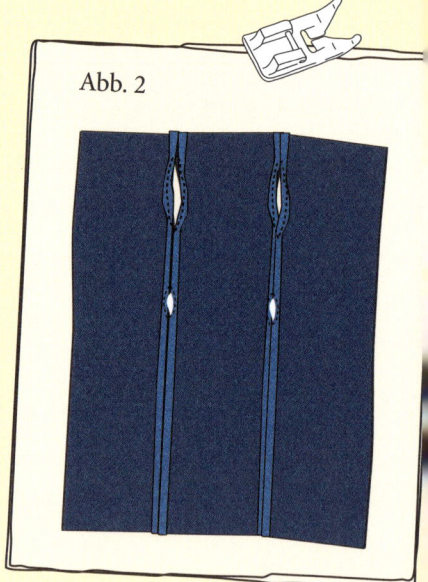

Abb. 2

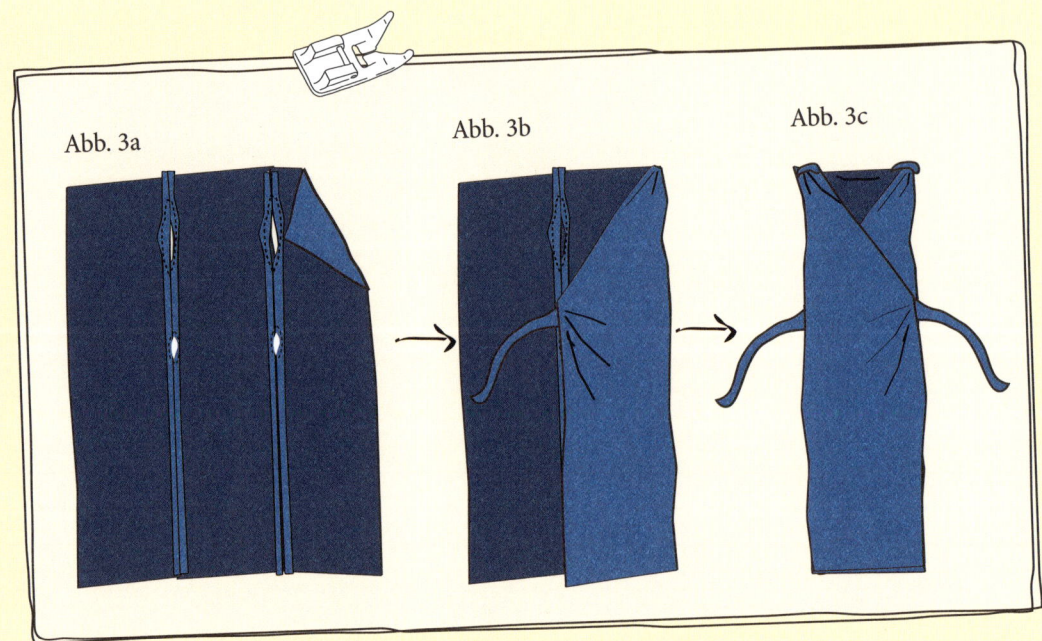

Abb. 3a   Abb. 3b   Abb. 3c

Kanten einfassen

Abb. 4: Wenn du die offenen Längskanten der Vorderteile schön einfassen möchtest, schneid je einen schmalen **Beleg**-Streifen aus dem gleichen Stoff zu. Streifen jeweils rechts auf rechts an die Kante nähen, dabei auch die obere und untere Streifenschmalseite feststeppen. Das Bindeband mit der Raffung wird dabei nochmals mitgefasst.

Beleg wenden und die Ecken herausdrücken. Falls du die Belege weglässt, bügle die Nahtzugaben nach links um.

Die Nahtzugaben am oberen Kleid-Rand sowie am -Saum umbügeln. Außenkanten rundum mit Stretchstichen absteppen.

Abb. 4

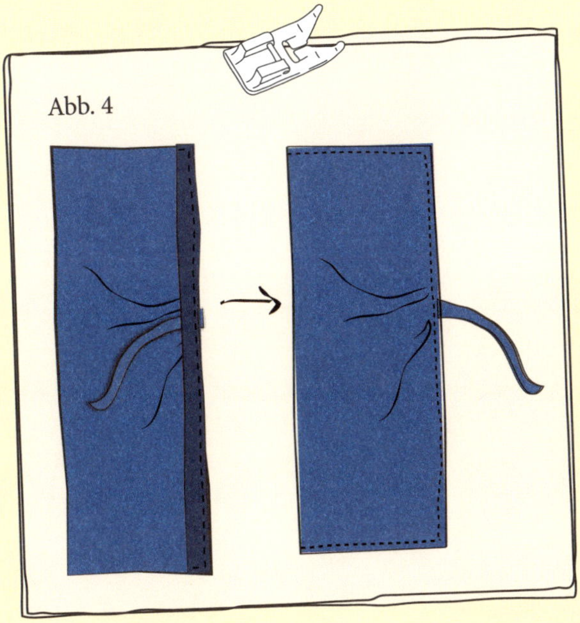

Material

Top
- leicht fallender Blusenstoff, z. B. Viskose oder Baumwolle
- breites Satinband

Rock
- Stoff mit etwas Stand, z. B. Baumwolle, Wolle oder Neopren
- Naht-Reißverschluss
- evtl. Spezialfuß für Naht-Reißverschlüsse

Tipp
Die einfache Variante …

Top

Messen

Als Vorlage dient ein locker sitzendes (Männer)-Shirt. Im Brustbereich sollte es locker sitzen!

VORLAGE

SCHNITTTEILE

Vorderteil   Rückteil

Tunnelzug

Rock

Messen

Rock: Der Rock basiert auf einem Halbkreisrock mit zusätzlicher Weite an der Taille. Diese wird gleichmäßig auf Falten verteilt. Miss deinen Taillenumfang.

TU: _____

Um nach der **Kreisrockformel** den Innenradius für den Halbkreisrock mit 2 Seitennähten zu berechnen, multiplizierst du TU mit 2,5. Je größer der Mulitplikationswert, desto weiter wird der Innenradius. Das bedeutet, du kannst mehr bzw. tiefere Falten legen.
Setz diesen Wert für U in die Halbkreisrockformel ein:

r_1: _____

Überleg dir, wie lang der Rock werden soll und errechne den Außenradius.

r_2: _____

Bund: Leg die fertige Bundhöhe fest (hier z. B. 4 cm).

H: _____

Bundbreite entspricht TU.

B: _____

SCHNITTTEILE

Vorderteil   Rückteil

Bund

Anleitungen

Top

Zuschneiden

Vorderteil

Abb. 1a: Den Stoff rechts auf rechts in der Mitte falten. Das Shirt ebenfalls in der Mitte falten und an den Stoffbruch legen.

Abb. 1b: Übertrag die Konturen wie abgebildet mit Kreide auf den Stoff.

Tipp: Um die Armausschnitt-Kontur zu übertragen, am besten mit einer Nadel nacheinander an mehreren Stellen der Naht senkrecht durch das Shirt stechen, das Shirt vorsichtig anheben (ohne dass die Nadel herausrutscht) und mit Kreide den Einstichpunkt auf dem unteren Stoff markieren. Du erhältst so mehrere Punkte, die du dann zu einer Linie verbinden kannst.

Abb. 1c: Unter dem Halsausschnitt eine gerade Linie im rechten Winkel zum Stoffbruch aufzeichnen.

Mit 1 cm Nahtzugabe ringsherum zuschneiden.

Rückteil

Identisch wie das Vorderteil zuschneiden.

Halsträger-Tunnel

Miss die Breite an der Oberkante des Vorder- bzw Rückteils = B. Zwei Streifen B x 10 cm zuschneiden.

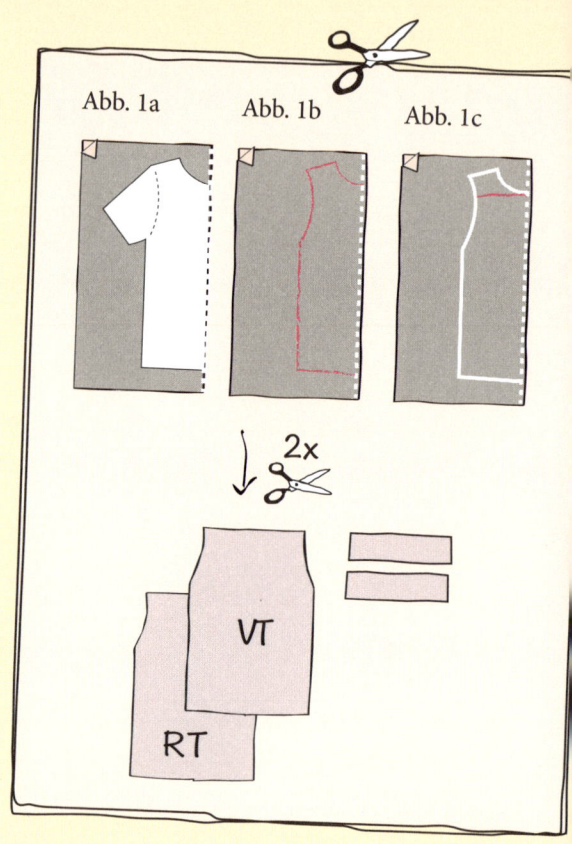

Abb. 1a   Abb. 1b   Abb. 1c

2x

VT

RT

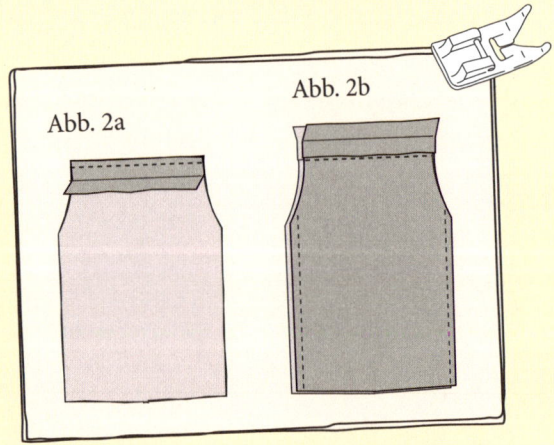

Abb. 2a

Abb. 2b

Nähen

Vorder- und Rückteil

Abb. 2a: Je einen Tunnel-Streifen rechts auf rechts an die Oberkante der Top-Teile stecken und steppen. Nahtzugaben nach oben bügeln.

Abb. 2b: Vorder- und Rückteil rechts auf rechts aufeinander legen und die Seitennähte steppen. Nahtzugaben versäubern und nach hinten bügeln.

Abb. 3: Die Arm-Ausschnittkanten je zweimal 0,5 cm breit nach links umbügeln und den Umschlag knappkantig steppen. Jeweils die obere Längskante des Tunnelstreifens 1 cm nach links umbügeln. Streifen zur Hälfte nach links umfalten, an die Streifenansatz-Naht stecken und **knappkantig** feststeppen.

Top **säumen**. Für den Halsträger das Satinband in die Tunnel von Vorder- und Rückteil einziehen. Top anziehen und die Bandlänge anpassen. Bandenden so schmal wie möglich säumen.

Abb. 3

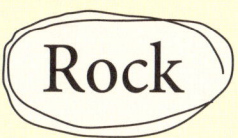

Rock

Zuschneiden

Rockteile

Abb. 1: Mit dem Innenradius r_1 und dem Außenradius r_2 im Abstand von 1,5 cm (= Nahtzugabe) zu den Stoffkanten einen Halbkreisrock mit 2 Seitennähten auf den Stoff zeichnen. Mit 1 cm Nahtzugabe zuschneiden.

Bund

Zeichne einen Streifen (B x H) für den **Bund** auf den Oberstoff, siehe Grundtechniken, hier an den Seiten 1,5 cm Nahtzugabe für den Reißverschluss anschneiden, am unteren Rand 1 cm.

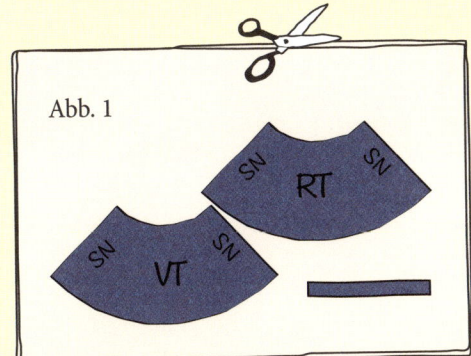

Abb. 1

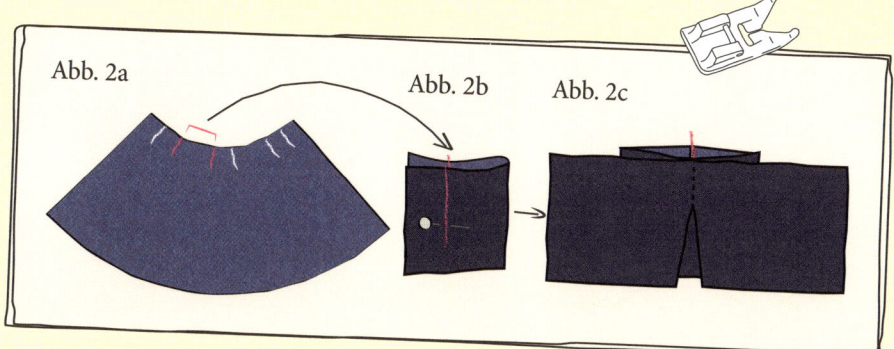

Abb. 2a   Abb. 2b   Abb. 2c

Nähen

Rock

Einfache Variante: Mehrweite am Innenrand auf deinen Taillenumfang **einkräuseln** oder per Augenmaß in viele kleine Falten legen.

Anspruchsvolle Variante: Mehrweite gleichmäßig verteilt in Kellerfalten legen.

Bestimme deine gewünschte Faltenanzahl. (Das Buchmodell hat je 3 Falten auf Vorder- und Rückseite.) Berechne die Länge der Mehrweite (U–TU) und teil den Wert durch die Faltenanzahl. So bekommst du das Maß für die Stofflänge, der in der Falte „verschwindet". Teil diesen Wert durch 2 = Faltentiefe.

Abb. 2a: Leg die Schnittteile ausgebreitet vor dich hin. Markier am Taillenrand gleichmäßig verteilt die Faltenpositionen.

Abb. 2b: Pro Falte legst du den Stoff an der Markierung rechts auf rechts und steppst im Abstand der ermittelten Faltentiefe parallel zur Bruchkante ca. 5 cm weit vom Taillenrand nach unten.

Abb. 2c: Jetzt den Stoff der Falte flach legen, sodass die Weite zu beiden Seiten der Naht hin gleichmäßig verteilt ist.

Die Falten entlang der Taillenkante mit großen Stichen **heften**, damit sie fixiert sind.

Vorder- und Rückteil rechts auf rechts zusammenlegen und die rechte Seitennaht steppen.

Den Bund annähen, die Innenkante und die Seiten zunächst noch offen lassen. An der linken Seite den Naht-Reißverschluss einnähen: Dafür den Reißverschluss öffnen und eine Hälfte rechts auf rechts an das Rückteil stecken (1,5 cm Nahtzugabe). Dabei liegt der Reißverschlussanfang (= die Plastikzähnchen, nicht das Band) ca. 1,2 cm unterhalb der Bund-Bruchkante. Nun die Zähnchenreihe zur Seite auseinander rollen und knapp neben den Zähnchen steppen. Bis zum Zähnchenende nähen. Das Bandstück darunter wird nicht festgenäht. Reißverschluss schließen und mit dem anderen Band rechts auf rechts an das Vorderteil stecken. Reißverschluss wieder öffnen und die 2. Seite in gleicher Weise annähen.

Tipp: Sehr hilfreich ist hier ein Spezialfuß für das Einnähen von nahtverdeckten Reißverschlüssen.

Nun die Naht unterhalb des Reißverschlusses schließen.

Bund-Innenkante annähen, dabei die Nahtzugaben der Schmalseiten nach links einschlagen. Bundschmalseiten von Hand an den Reißverschluss nähen.

Rock sehr knapp **säumen**.

mmm...

Gelati

Material
· leichter Jerseystoff
· Spitze

Shirt mit Spitzeneinsatz

Messen

Miss locker deinen Hüftumfang und teil den Wert durch 2. Addiere ca. 2-3 cm Mehrweite.

B: _____

Die Länge zuerst erst grob bestimmen. Dazu das Maßband von der Schulter bis etwa zum Schritt hängen lassen.

L_1: _____

SCHNITTTEILE

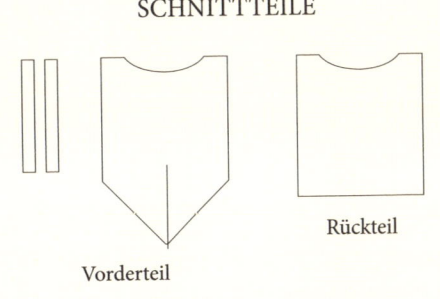

Vorderteil

Rückteil

Zuschneiden

Vorderteil

Abb. 1: Den Stoff rechts auf rechts in der Mitte falten. Mit den ermittelten Maßen (½B x L) ein Rechteck am Stoffbruch aufzeichnen. Leg nun die Weite für den Halsausschnitt fest. Zur Orientierung miss dafür zunächst deinen Kopfumfang. Da sich der Spitzenstoff kaum dehnt, muss der Halsausschnitt so weit sein, dass der Kopf bei ungedehntem Stoff hindurch passt! Teil den Wert durch 2. Zeichne die halbe Ausschnittweite (ca. 15 cm) in der oberen Rechteckmitte an.

Markier die Ausschnitttiefe. Dafür am Stoffbruch ca. 6 cm nach unten messen. Zeichne nun den Halsausschnitt in einer schönen U-Boot-Form ein. Am Stoffbruch sollte die Linie möglichst rechtwinklig liegen! Mit 1 cm Nahtzugabe zuschneiden.

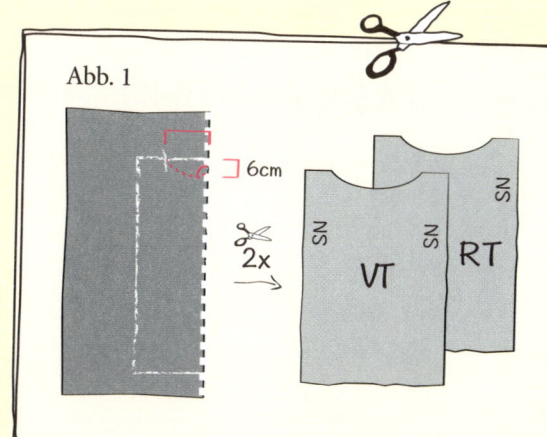

Abb. 1

Rückteil

Identisch zum Vorderteil zuschneiden.

Spitzeneinsatz

Halt das Vorderteil an dich und markier mit einer Stecknadel die Höhe, in der der Spitzeneinsatz beginnen soll.

Abb. 2: An der Markierung eine gerade Linie (parallel zum Saum) einzeichnen. 1 cm Nahtzugabe nach oben anzeichnen und das Vorderteil an der Nahtzuga-ben-Linie auseinander schneiden. Rückteil genauso durchschneiden. Eines der oberes Shirt-Teile dient nun als Vorlage für die Spitzenteile: Leg das Teil auf den doppelt liegenden Spitzenstoff. Übertrag die Konturen und zeichne an der unteren Kante 1 cm Nahtzugabe an. Die Spitzenteile ohne weitere Nahtzugaben zuschneiden.

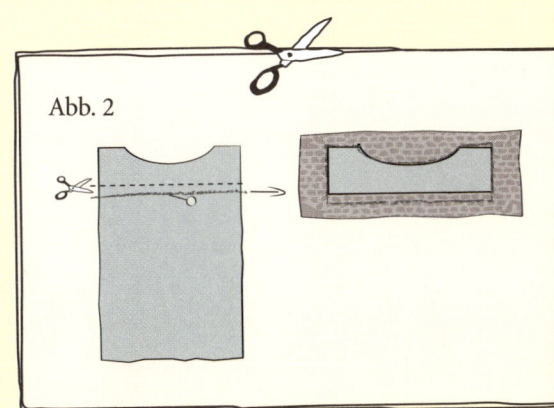

Abb. 2

Nähen

Vorder- und Rückteil

Abb. 3: Je ein Spitzen- und ein Jersey-Teil rechts auf recht aufeinander legen und zusammensteppen. Nahtzugaben nach unten bügeln. Die Nahtzugaben am Halsausschnitt knapp umschlagen und steppen. (Alternativ kannst du die Nahtzugabe wegschneiden und den Ausschnitt mit einem passenden Einfassband versäubern.)

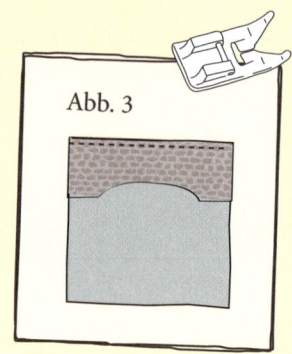

Abb. 3

Vorderteil rechts auf rechts auf das Rückteil legen und die Schulternähte steppen. Nahtzugaben nach hinten bügeln.

Ärmel

Um die Höhe der Armöffnungen zu bestimmen, zieh nun das Shirt an und steck die Seitennähte bis zu den Armen zusammen. Du musst dich bequem bewegen können! Markier die Endpunkte der Armöffnungen mit einer horizontalen Stecknadel und zieh das Shirt wieder aus. Die Endpunkte symmetrisch an allen Seiten mit einem Knips in die Nahtzugabe markieren und die Nadeln entfernen.

Abb. 4a: Miss die Strecke vom vorderen zum hinteren Knips = L. Für die Armausschnitt-Blenden nun zwei Streifen (6 cm x L + 2 cm Nahtzugabe) zuschneiden.

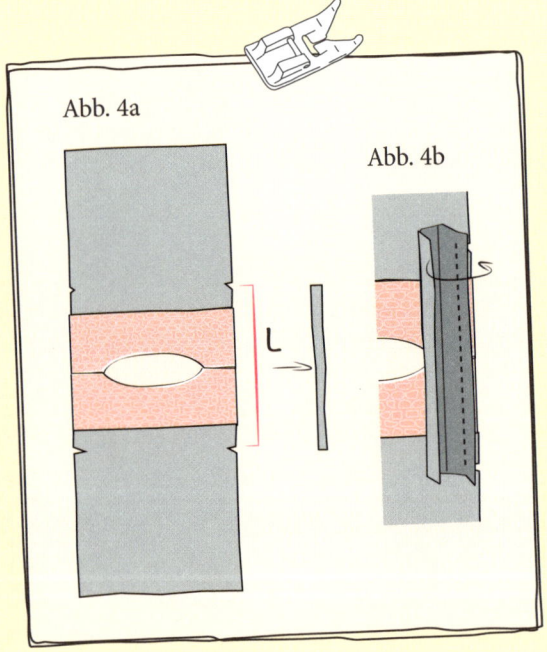

Abb. 4a

Abb. 4b

Abb. 4b: An den Blendenstreifen je eine Längskante 1 cm breit nach links bügeln. Eine Blende mit der ungebügelten Längskante zwischen den Knipsen rechts auf rechts an eine Armöffnung steppen. Blende zur Hälfte nach links umfalten, an die Ansatz-Naht stecken und **knappkantig** feststeppen.

Vorder- und Rückteil rechts auf rechts aufeinander legen. Seitennähte **heften**.

Zipfel zum Knoten

Zieh das Shirt an und markier den Mittelpunkt in Höhe deines Bauchnabels mit einer Stecknadel.

Abb. 5a: Zucrst *am Vorderteil*, wie auf der Abbildung gezeigt, vom unteren Rand senkrecht bis zur Stecknadelmarkierung einschneiden. Außerdem die Ecken abschrägen (Heftnaht dafür soweit wie nötig öffnen).

Abb. 5b: Das *Rückteil* auf Bauchnabelhöhe gerade abschneiden.

Vorder- und Rückteil wieder rechts auf rechts aufeinander legen. Seitennähte von unten bis zur Ärmelblende schließen, dort die Nadel im Stoff stehen lassen, das Teil um 90° drehen und den unteren Blendenrand zusammennähen. Nahtzugaben versäubern. Shirt wenden. Die Zipfel in der vorderen Mitte verknoten.

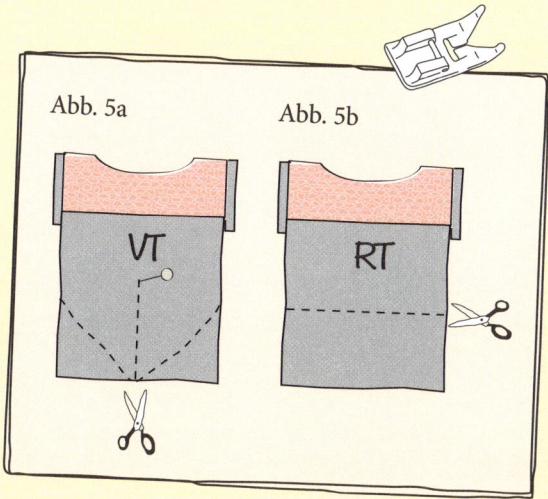

Abb. 5a Abb. 5b

VT RT

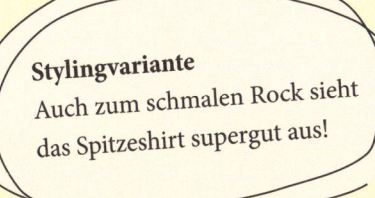

Stylingvariante
Auch zum schmalen Rock sieht das Spitzeshirt supergut aus!

Material

· dickerer Jerseystoff oder Sweatshirtstoff

SPIAGGIA

60ies Retro-Kleid

Messen

Als Vorlage dient ein (nicht zu eng sitzendes) T-Shirt.

Achtung! Je enger das Vorlage T-Shirt, desto elastischer muss der Stoff für dein Kleid sein!

Der Halsausschnitt soll etwa auf Höhe des Schlüsselbeins liegen. Wenn er tiefer liegt, miss den Abstand vom Ausschnitt bis zum Schlüsselbein in der vorderen Mitte und notier dir das Maß.

Überleg dir, wie lang der obere Teil des Kleides werden soll. Miss die Wunschlänge ab dem Shirt-Saum.

L: _____

VORLAGE

SCHNITTTEILE

Vorderteil

Rückteil

Kragen/Träger

Variations-Tipp
Kleid ohne angesetzten Rock nähen.

Anleitung

60ies Retro-Kleid

Zuschneiden

Vorderteile

Abb. 1a: Den Stoff rechts auf rechts in der Mitte falten. Zeichne 1 cm vom Stoffbruch entfernt eine parallele Linie für die Nahtzugabe ein. Falte das Shirt in der Mitte und leg es an die eingezeichnete Linie. Die Konturen von Seitennaht und Saum übertragen.

Abb. 1b: Jetzt die Kontur des Halsausschnitts ca. zur Hälfte übertragen. (Wenn der Halsausschnitt zu tief ist, erhöhe ihn entsprechend der abgemessenen Länge im rechten Winkel zur Stoffkante (siehe Seite 26, Cape-Mantel – Schritt 2b). Mit einer Stecknadel das Ausschnittende markieren.
Verbinde Halsausschnitt- und unteren Ärmelpunkt in gerader Linie. (Dazu das Vorlage-Shirt einfach etwas zur Seite klappen.)

Abb. 1c: Dreh jetzt das Shirt um den Ärmelpunkt um ca. 3 cm auf. (Je weiter du aufdrehst, desto weiter ausgestellt wird das Kleid!)

Abb. 1d: Zeichne die neue Seitenkante und die neue Saumlinie auf.

Abb. 1e: Jetzt das Shirt entfernen und eingezeichneten Saumlinien in einer gleichmäßigen Rundung (!) verbinden.

Abb. 1f: Den unteren Rand, parallel zum Saum um die Wunschlänge L verlängern.
Vorderteile mit 1 cm Nahtzugabe zuschneiden.

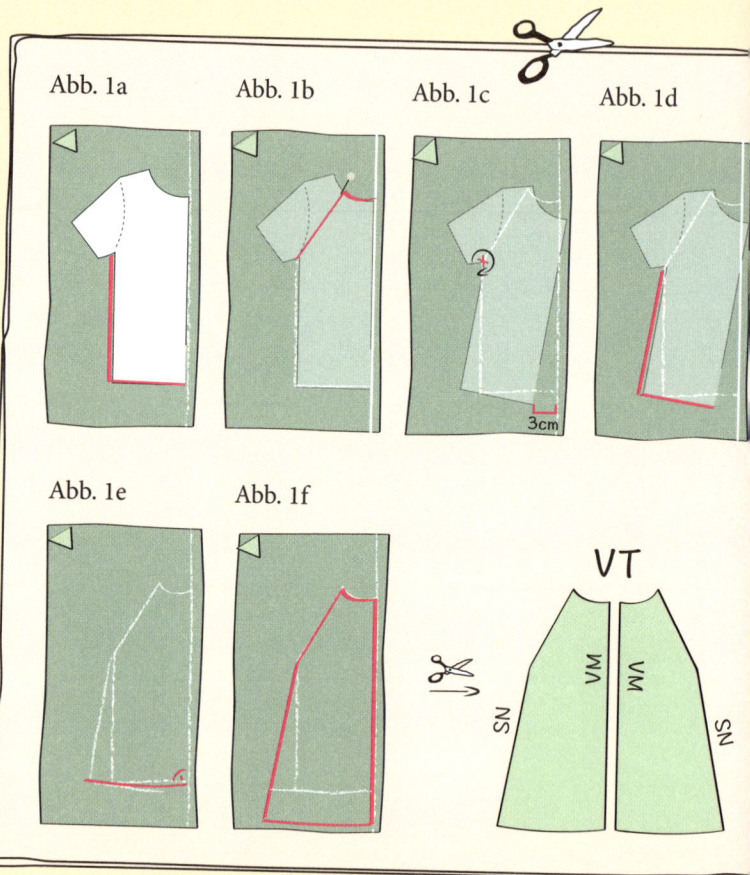

Rückteil

Abb. 2a: Ein Vorderteil (ohne Nahtzugabe der vorderen Kante) an den Stoffbruch legen.

Abb. 2b: Den oberen Teil bis zum Armansatz nach unten klappen und die Konturen übertragen. An der oberen Kante 2 cm Nahtzugabe anzeichnen. Rückteil ohne weitere Nahtzugabe zuschneiden.

Kragen und Träger

Einen Streifen (Stoffbreite x 12 cm) im geraden Fadenlauf zuschneiden und wie ein **Bund** einbügeln.

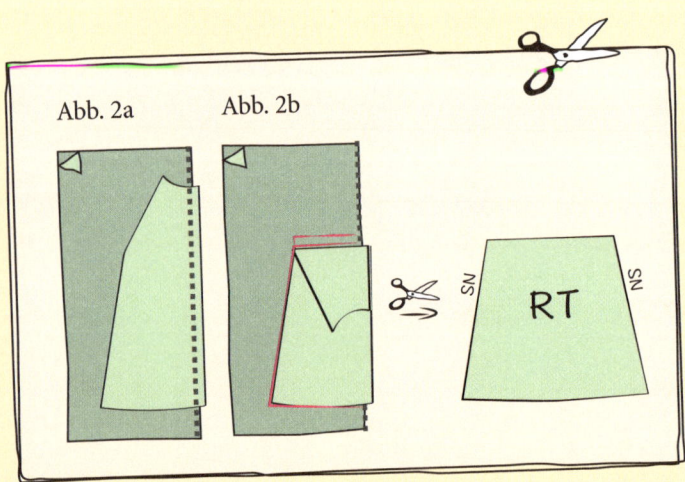

Nähen

Vorderteil

Kanten ringsherum **versäubern**.

Abb. 3: Vorderteile rechts auf rechts aufeinander legen und die vordere Mitte stecken. Halt das Vorderteil an dich und überleg dir, wie lang der Schlitz sein soll. Schlitzanfang und -ende mit Stecknadeln markieren. Vordere Mitte schließen, dabei den Schlitz offen lassen. Nahtzugaben auseinander bügeln. Die Nahtzugaben am Schlitz beidseitig feststeppen.

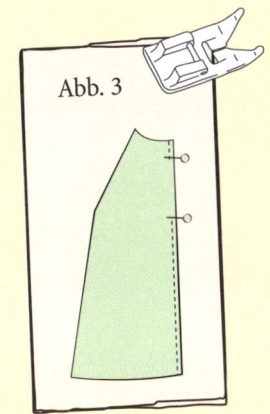

Abb. 3

Rückteil

Kanten ringsherum versäubern. Die obere Kante 2 cm breit nach links umbügeln und feststeppen.

Vorder- und Rückteil rechts auf rechts aufeinander legen und die Seitennähte steppen. Nahtzugaben auseinander bügeln. Seitliche Ausschnitt-Kanten umbügeln und feststeppen.

Kragen und Träger

Abb. 4: Der Streifen für den Kragen wird wie ein **Bund** an den Halsausschnitt genäht. Dafür zuerst die Streifen-Längsmitte rechts auf rechts in der vorderen Mitte anstecken, von dort aus zu beiden Seiten stecken. Der Kragen geht dann zu beiden Seiten in die Träger über. Streifen annähen und fortlaufend die Trägerlängskanten zusammenstecken.

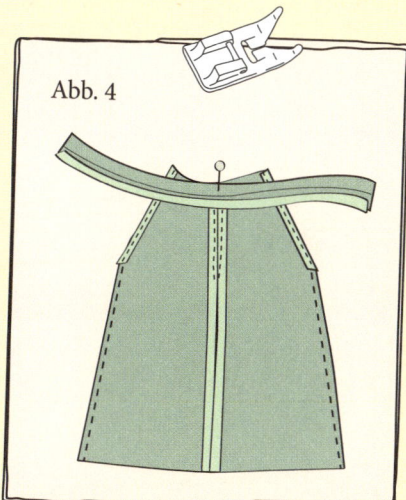

Abb. 4

Kleid anziehen. Die Träger in der gewünschten Länge am oberen Rand des Rückteil feststecken und steppen.

Sollte das Kleid am Rücken etwas zu weit sein, kannst du einen Gummizug durch die abgesteppte Nahtzugabe am Rücken ziehen! (Siehe Spitzenkleid, Seite 31).

Rockteil

Setz nun nach Wunsch ein gekräuseltes Rockteil wie im Kapitel „Paris" in den Anleitungen zum Neckholderkleid mit Rüschen (Seite 32–35) und zum Spitzenkleid (Seite 28–31) beschrieben oder einen **Volant** an.

Material

- leichter Baumwollstoff
- Band oder Kordel für den Träger
- Spitzenborte
- Satin-Schleife

HOME *sweet* HOME

Liebes Tagebuch!

Endlich wieder zu Hause!
Die Reise war grandios, aber
jetzt freue ich mich in meinem
Nachthemd in mein eigenes Bett
zu schlüpfen und zu schlafen ...

Nachthemd

Messen

Für dieses Modell misst du am besten nicht vorab, sondern direkt am vorgehaltenen Stoff!

SCHNITTTEILE

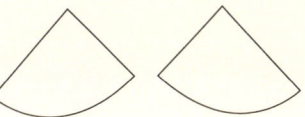

Zuschneiden

Länge bestimmen

Abb. 1a: Halt eine Stoffecke, dort wo das Nachthemd sitzen soll, über deiner Brust an dich und lass den Stoff nach unten hängen. Leg an der inneren Stoffkante fest, wie lang das Nachthemd in der vorderen Mitte werden soll (= L) und markier die Stelle.

Tipp: Wenn der untere Rand des Nachthemds rundum gleichlang soll, schneidest du zwei Viertelkreisteile nach der entsprechenden **Kreisrockformel** zu. Wenn du einen Zipfel-Saum haben möchtest, bleibt die Grundform ein Rechteck. Probier einfach etwas aus!

Für das Buchmodell

Abb. 1b: Zeichne zuerst ein Quadrat (L x L) auf den Stoff. Da das Nachthemd hinten etwas länger werden soll („Vokuhila"), gibst du ca.15 cm dazu (= rote Linie) und schneidest dann zwei gleichgroße Rechtecke aus.

Abb. 1c: Saum: Beide Teile rechts auf rechts aufeinander legen und die (seitliche)Ecke wie abgebildet abrunden. Die Ecken an der vorderen sowie der hinteren Mitte müssen dabei ein Stück weit im rechten Winkel zur Stoffkante bleiben! Außenkanten **versäubern**.

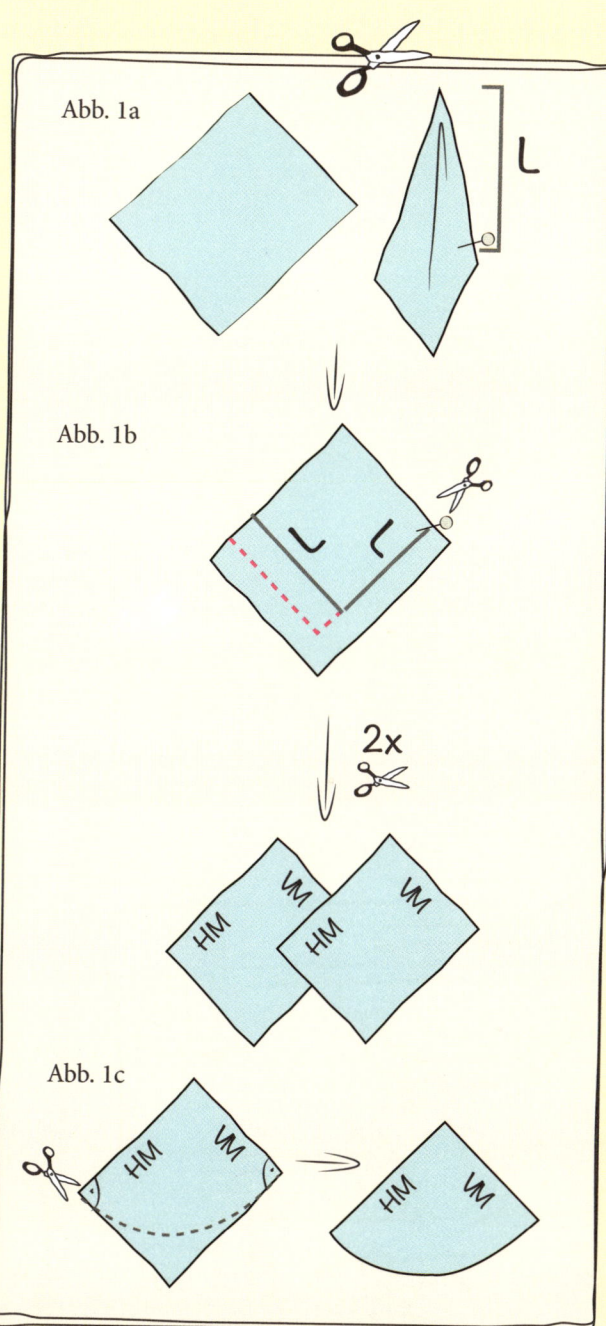

Abb. 1a

Abb. 1b

2x

Abb. 1c

Abb. 2: Jetzt beide Teile an der vorderen Mitte zusammenstecken und auf Brusthöhe an dich halten. Markier mit einer Stecknadel die Ausschnitttiefe. Die Teile an der vorderen Mitte rechts auf rechts aufeinander legen und die Naht bis zur Markierung steppen. Nahtzugaben auseinander bügeln. Die Nahtzugaben am vorderen Ausschnitt nach links umbügeln und feststeppen.

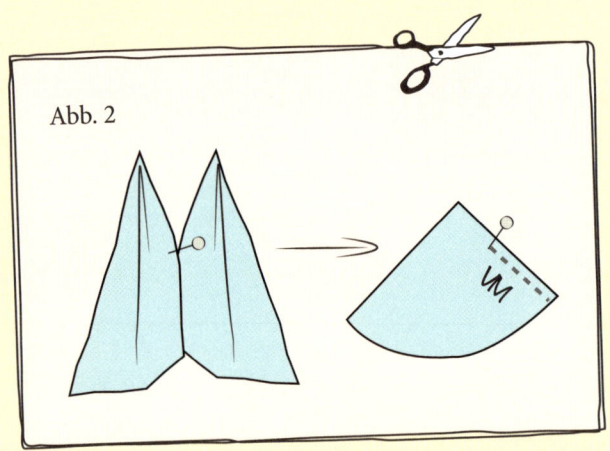

Abb. 3: Nimm nun das Trägerband und befestige es vorerst provisorisch als Träger an den oberen Ecken. Zieh nun das Nachthemd wie eine Schürze an und binde die Träger im Nacken zusammen, sodass das Nachthemd richtig sitzt. Die hintere Mitte bis zur gewünschten Weite zusammenstecken. Das Nachthemd wieder ausziehen. Die Träger auf die gewünschte Länge kürzen und nochmals entfernen. Nun die hintere Mitte bis zur Markierung steppen. Nahtzugaben auseinander bügeln. Die Nahtzugaben am hinteren Ausschnitt bis zur Träger-Ecke umbügeln und feststeppen. Träger annähen.
Zum Schluss die Spitzenborte aufsteppen und die Schleife annähen.

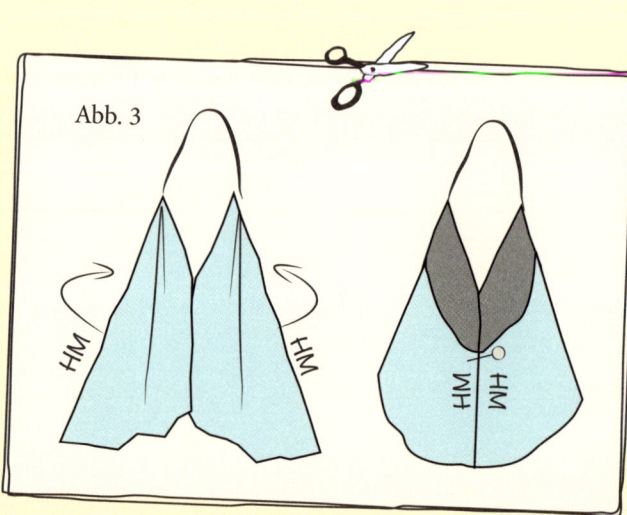

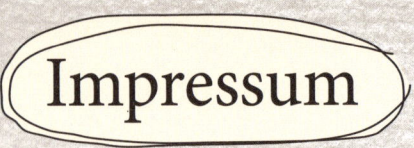

Impressum

Entwürfe und Realisation: Martina Unterfrauner

Lektorat: Gabriela Reuß

Redaktion: Angelika Klein

Zeichnungen und Illustrationen: Martina Unterfrauner

Model-Fotografie: Florian Bilger, Freiburg

Styling: Marvie Herrmann

Freisteller-Fotos: Martina Unterfrauner

Layout, Satz und Umschlaggestaltung: GrafikwerkFreiburg

Reproduktion: SRS & RTK mediagroup GmbH

Druck und Verarbeitung: Neografia, Slowakei

ISBN 978-3-8410-6391-5

Art.-Nr. 6391

© 2016 Christophorus Verlag GmbH & Co. KG, Rheinfelden
Alle Rechte vorbehalten.

Alle gezeigten Modelle, Illustrationen und Fotos sind urheberrecht-
lich geschützt. Jede gewerbliche Nutzung ist untersagt. Dies gilt
auch für eine Vervielfältigung bzw. Verbreitung über elektronische
Medien.
Autorin und Verlag haben alle Angaben und Anleitungen mit größt-
möglicher Sorgfalt zusammengestellt. Dennoch kann bei Fehlern
keinerlei Haftung für direkte oder indirekte Folgen übernommen
werden. Der Verlag übernimmt keine Gewähr und keine Haftung
für die Verfügbarkeit der gezeigten Materialien.

Hersteller

· Stoffe Brünink & Hemmers GmbH, Nordhorn
 www.stoffe-hemmers.de
· Stoff & Stil Deutschland GmbH, Halstenbek
 www.stoffundstil.de
· Union Knopf GmbH, Bielefeld
 www.unionknopf.com

✆ Kreativ-Service

Sie haben Fragen zu den Büchern und Materialien? Frau Erika Noll ist für Sie da
und berät Sie rund um alle Kreativthemen. Rufen Sie an! Wir interessieren uns
auch für Ihre eigenen Ideen und Anregungen. Sie erreichen Frau Noll per E-Mail:
mail@kreativ-service.info oder Tel.: +49 (0) 5052 / 91 18 58

Besuchen Sie uns im Internet: www.christophorus-verlag.de